陳南祿　著

GREAT 偉大城市 CITIES

U0132590

商務印書館

責任編輯： 韓心雨

裝幀設計： 張　毅　涂　慧

排　　版： 周　榮

責任校對： 趙會明

印　　務： 龍寶祺

偉大城市 Great Cities

作　　者： 陳南祿

出　　版： 商務印書館（香港）有限公司

香港筲箕灣耀興道 3 號東滙廣場 8 樓

http://www.commercialpress.com.hk

發　　行： 香港聯合書刊物流有限公司

香港新界荃灣德士古道 220–248 號荃灣工業中心 16 樓

印　　刷： 新世紀印刷實業有限公司

香港柴灣利眾街 44 號泗興工業大廈 13 樓 A 室

版　　次： 2023 年 7 月第 1 版第 1 次印刷

© 2023 商務印書館（香港）有限公司

ISBN 978 962 07 6641 1

Printed in Hong Kong

目　錄

前言

「偉大城市」的概念萌生於 1997 年，那年香港回歸祖國，舉世關注。大家都熱衷討論如何能使香港特別行政區進一步成為真正世界首屈一指的大都會，如何把香港強化為當年董建華特首提出的「超級城市」。當年還有一句「亞洲國際都會」的標語，甚至引用了一本雜誌的「紐倫港」的説法。[1]

這一話題當年議論紛紜，涵蓋從政治、金融、工業、貿易、貨幣、經濟、投資、基建、科創、人口，到民生、教育、人才、文化、娛樂、環境等各個領域。無可否認，每個人都希望自己居住的城市可用「偉大」來形容，自己的國家亦擁有很多「偉大城市」。有些觀點我是同意的，有些要分輕重排次按序。但是我研究之後，覺得好像沒有人指出交通對一個世界性城市的重要

1　Tung Chee Hwa, "Chief Executive's speech in Brussels", https://www.ceo.gov.hk/archive/97-05/speech/cesp1021.htm

性。在任何城市之內，交通便捷、四通八達的中心，肯定是最繁華興旺、地價最高的地段，這放諸全球皆然。歷史上最偉大的城市，都是交通中心，我們大概記不起那些曾叱咤歷史的名城的軍事、經濟、人才、投資策略，但共通點是它們都是主要的交通中心。

圍繞這一概念，我做了幾年調研，撰寫了數篇學術報告及文章，亦在一些論壇上做了講解。2010 年，香港大學出版社出版了本書的英文版，此次應商務印書館的提議，推出中文版，希望與更多讀者分享「偉大城市」的概念。

本書和市面上常見的大眾化讀物不同，我希望能從比較學術的角度討論嚴肅的問題，強調今天航空業對城市發展的重要性，同時提供務實有效的建議。

新冠疫情爆發後，本書關於航空業與全球城市發展的觀點已得到證實。疫情期間，每個國家都在極力保持和保護本國的航空業及能力，高度關注及支援本地航空公司的生存或復興。2020 年 6 月 9 日，香港特區政府宣布國泰資本重組計劃，動用 273 億元土地基金投資國泰航空，當中包括 195 億元購買優先股份，以及 78 億元的過渡貸款，協助國泰渡過難關。這是港府首次透過

土地基金直接注資私人企業，可謂一個大膽的舉動。值得注意的是，港府在此次資本重組計劃的媒體發佈會上所使用的觀點和論據，與我 2010 年出版的英文版相關內容一致。與此同時我們也看到，雖然大多數政府在疫情初期採取了嚴厲的封控措施，但亦保護甚至支持他們自己國家的航空公司。在疫情緩和後，數碼化大行其道時，依舊鼓勵出行，提高人員流動和貨物往來，以期航空業盡快超越疫情前的狀態。

在 2021 年中國宣佈的第十四個五年計劃及 2035 年願景[2] 裏，也提到交通中心的重要性，又特別着墨香港提升其航空樞紐的宏願。更早前，中國政府曾於 2019 年 2 月 18 日宣佈大灣區的藍圖，也特別指出「航空樞紐」是香港發展和成功的一個重要支柱。這清楚的願景是令人鼓舞的，因為回想當年香港特別行政區成立之後，於 1997 年 10 月 8 日發表的第一份施政報告，裏面的「航運中心」明確表示是海運，對空中交通隻字不提。走過 20 多年的時光，看到香港航空界及業者的成就，大家的努力推動，以及其他地方的發展，可見航空樞紐的重要性終於得到認同。

2　《中華人民共和國國民經濟和社會發展第十四個五年規劃和 2035 年遠景目標綱要》第十八篇第六十一章第一節。

本書的編撰和出版，要感謝商務印書館的同仁，他們投入了大量的時間和精力，完成了本書的翻譯工作。為求保持最初的概念，以證明其正確性，以及研究成果經得起時間的考驗，我提議沿用當年的數據，但商務印書館的編輯非常努力，考證校對資料之餘，主動在2010年原文的基礎上，更新了部分數據和資料，來進一步證明本書理論的正確性，這是我現在未有能力做到的。無論如何，我希望能引發讀者對疫情過後的世界形勢及全球航空業發展的思考。同時，在語言風格和表達方式上，編輯也在英文原版的基礎上進行了改進，我非常感謝他們的付出。

衷心感謝商務印書館總經理兼總編輯毛永波先生、本書的責任編輯韓心雨小姐，以及負責翻譯和審閱的陳永傑先生，感謝所有為英文原版和中文譯本的出版提供幫助的各界同仁，感謝國泰航空公司和香港機場管理局對本書的指導，感謝所有對本書提出寶貴意見的朋友。

最後，希望香港特別行政區「背靠祖國、聯通世界」，進一步鞏固世界頂級城市的地位。

陳南祿
2023 年 7 月

第一章

偉大城市的挑戰

世界名城眾多，各具獨特魅力，有的是商業名城，有的是宗教聖地，有的是政治中心，有的是歷史文化古城，有的就是引人入勝的旅遊勝地，但是富裕、強大，而又能在世界舞台上舉足輕重的偉大城市，卻是少之又少。

　　真正偉大的城市應該聯通世界，吸引資金和人才，地位理應備受國際肯定，也能持續提升整體實力和全球影響力。

　　歷史上偉大城市的例子包括古埃及的孟菲斯、古希臘全盛時期的雅典、羅馬帝國的首都羅馬城、古波斯的波斯波利斯（在今伊朗）和古巴比倫的巴格達（在今伊拉克）。

　　聯合國經濟合作與發展組織（OECD）的一份報告稱：「城市是全球化的核心經濟驅動力。政策制定者也應該更密切關注城市的潛力。」OECD 在報告裏進一步指出，偉大城市的興建旨在建立國際競爭力和吸引力，並且驅動區域和全球經濟發展。[1]

1　OECD (2006), OECD Observer, Volume 2006 Issue 2, OECD Publishing, Paris, https://doi.org/10.1787/observer-v2006-2-en.

有些研究會為城市作排名，但城市要打入有公信力的城市排行榜，殊為不易，因為這些調查大多只注重經濟水平、購買能力、生活成本、教育設施、人口等單一議題，其他則關注城市的旅遊景點和遊客設施。舉例來說，美國有線電視新聞網（CNN）曾在網站公佈「世界最偉大城市」排行榜，[2] 上面不乏大城市的名字，亞洲的曼谷和香港也榜上有名。CNN 把曼谷描述為：「即使城市正在下沉，但是多元的民眾和文化把城市拉起來，曼谷的多元和城市的名稱一樣了無止境。」CNN 介紹曼谷的街頭美食、戲院甚至紅燈區。談及香港時，CNN 稱香港「有山、有海、有大廈、有樹木，香港可能是地球上最完整的城市」，並介紹香港的主題樂園、豉油西餐、渡輪、奶茶等。訪客和休閒讀者或會覺得這些資訊很有用，但如果要進行嚴謹的學術研究，那就必須參考權威文獻。

有些國際研究機構會定期按各國的「國際競爭力」編製排行榜，當中最具影響力的排行榜莫過於瑞士世界經濟論壇的年度《全球競爭力報告》[3] 和瑞士洛桑國際管理學院的《世界競爭力年報》，兩者都會研究全球各地

2　www.cnngo.com

3　https://www.weforum.org/reports/annual-report-2021-2022/

維持經濟持續增長和長期繁榮的因素。[4]

在過去的 30 多年，《全球競爭力報告》一直從各種可靠的資料來源採集數據，輔以商界領袖的意見調查（2008-2009 年訪問了 12,000 人）。2008-2009 年的《全球競爭力報告》在 2008 年 10 月公佈，按 110 項獨立指標評估 134 個國家和地區的競爭力。報告提及的競爭力「支柱」指標包括社會機構和組織、基礎設施、宏觀經濟穩定性、衛生和基礎教育、高等教育、市場效率、技術能力和創新等，結果顯示美國的全球競爭力指數排行第一，瑞士位列第二，而丹麥、瑞典、新加坡、芬蘭、德國、荷蘭、日本和加拿大則緊隨其後。

自 1989 年起，《世界競爭力年報》也採取類似的做法，依照 331 項標準來評估 55 個國家和地區的的競爭力。這些標準分成經濟表現、政府效率、營商效率及基礎建設四大類別，每類別各有 20 項子因素。

事實上，兩間權威組織採用的評估標準分別不大，評估結果也相近（每份調查結果前 10 名中有 7 個國家

4　https://www.imd.org/centers/wcc/world-competitiveness-center/
rankings/world-competitiveness-ranking/

相同）。不過這些數據包含了商界領袖的意見，有一定的主觀因素。即使評估結果難免存在爭議，研究也有其不足之處，但仍具參考價值，足以反映國家／地區的競爭力是由多項複雜因素組成，而每項因素的質量都能影響排名。另一方面，因素均會隨着時間而改變，於是排名會隨之變動。在過去的千百年來，強大的帝國紛紛衰落，可見曾盛極一時的國家也不能永遠佔據主導地位。

偉大城市是偉大國家的基礎，但與國家研究相比，專門研究城市的學者較少，且現有的大部分的城市研究，多集中於娛樂及旅遊，以至民生、社會等本地化的討論。

研究世界偉大城市的嚴謹學術文獻，往往會關注當前世界體系的發展，譬如資本主義、工業化和資訊時代的崛起。[5] 這些發展無疑是偉大城市的成功要素。評級機構標準普爾曾公佈十大最值得投資的經濟中心，參考的經濟數據來自美國 15,000 個地方和州政府，以及 27 個國家的 340 個各級政府，[6] 內容似乎相當完備，然而研

5　New York, Chicago, Los Angeles: American's Global Cities. Janet L. Abu-Lughod (University of Minnesota Press, 1999).

6　http://mba.sdabocconi.it/uploadimg/milano_top_10.pdf

究的角度較窄，雖能反映各地良好的投資前景，但不足以讓我們了解偉大城市的成功要素。

　　普華永道會計師事務所和「紐約市伙伴關係」(Partnership for New York City) 在 2008 年 12 月發表了一份報告，內容或能讓我們了解偉大城市的要素。「紐約市伙伴關係」是一個商界領袖網絡，「致力於提升紐約市五大區經濟，維持紐約在全球商業、金融和創新的中心地位」。報告第二版題為《機遇之城》(*Cities of Opportunity*；初版在 2007 年完成)，並按 51 項因素為 20 個城市進行評估。報告結果不設排名，而十項最終評級中每項都觸及上述 51 項因素，例如「智力資本」一項盤點了城市佔世界 500 強大學比例、受高等教育人口比例、佔世界前 100 名工商管理碩士 (MBA) 大學比例，以及醫學院的數目。研究調查的城市有北美洲的紐約、芝加哥、洛杉磯、休斯頓和多倫多，中美洲的墨西哥城，南美洲的聖保羅，歐洲的巴黎、法蘭克福和倫敦，非洲的約翰內斯堡，中東的迪拜，南亞的孟買，澳洲的悉尼，亞洲的東京、北京、上海、首爾、新加坡和香港。

　　調查結果對區域金融、貿易和旅遊業有重大意義。以國際交通樞紐的便捷度來看，紐約、洛杉磯、巴黎、

法蘭克福、倫敦、迪拜、新加坡和香港脫穎而出。如按國際金融中心的角度切入，紐約、法蘭克福、倫敦和香港則鶴立雞羣。當然切入的方法很多，而每種方法有其可取之處。紐約、巴黎、倫敦和東京在多方面表現突出，新加坡和香港則在營商便利方面領先。

研究也關注北京、上海、孟買、聖保羅和迪拜等新興經濟體城市。它們在運輸、基建、施工建築或智力資本等領域已貼近世界前列。

雖然定義「偉大」的方法不一而足，但是偉大城市都必須能在世界舞台上發揮重大影響力。城市對世界發揮影響力的方法或各有不同，但倫敦和紐約等城市的影響力肯定是大於某些人口眾多、天氣和煦和風光旖旎的城市。於是我們需要了解學者就着城市和偉大因素方面有過哪些著作。

已故著名學者簡・雅各布斯 (Jane Jacobs；1916-2006) 曾探討城市的重要性，她曾撰寫大量有關城市發展的文章。以「城市行動者」見稱的雅各布斯，以自己居住的紐約為起點，觀察四周繁忙的社區，深入思考社區的見聞，也發表過不少文章和著作。她的首作《偉大美國城市的消亡和存續》在 1961 年發表，內容開創先

河。她在書中寫道:「假裝秩序的不誠實,忽視和壓制真實的秩序,比徹頭徹尾的醜陋和混亂更卑鄙。」

她猛烈批評世界上城市規劃機構和傳統建築學,認為城市重建會將擁擠的低層建築換成間隔開闊的高層建築,並表示這種嚴重錯誤會破壞城市精神。她寫道:「如同放血治療一樣,城市重建和規劃都是偽科學,多年來的研習內容和產生的繁瑣教條全都來自謬誤。」

雅各布斯在 1968 年移居加拿大多倫多後,仍繼續批評城市發展的傳統思想,並指出城市對國民經濟的重要之處。她認為城市才是鄉郊經濟的基礎。[7] 幾年後,她再鞏固自己的觀點,提出城市才是關鍵的經濟實體。她反對傳統經濟學家以主權國家為研究的基本單位的做法。她寫道:「把新加坡、美國、厄瓜多爾、蘇聯、荷蘭和加拿大等量齊觀的做法明顯違反常識。」[8]

她說,如要重塑經濟,便須認識城市經濟,方可水到渠成。事實上,「國家都必須擁有足夠的『進口替代城市』(import-replacing cities)」。雅各布斯認為城市只

7　The Economy of Cities, Jane Jacobs (Random House, 1969).

8　Cities and the Wealth of Nations, Jane Jacobs (Random House, 1984).

要成為「進口替代城市」，就會變得重要和繁榮，「任何聚居地只要精於進口替代，便可成為城市」。

然而，自給自足不一定代表城市可以自行生產一切所需。她以初期的威尼斯為例子，說明自己的看法。威尼斯原本只是「亞得里亞海一個灘頭和沼澤」，但即使如此落後，也能逐漸發展成為區內一股重要勢力。

威尼斯最初和當時最先進的城市君士坦丁堡（今伊斯坦布爾）進行貿易，然後搖身一變，成為區內城市的貿易樞紐。雅各布斯寫道：「六個世紀之後，香港成為鄰近城市的貿易樞紐，擔當『環太平洋威尼斯的角色』。」

雅各布斯認為，塑造城市的五大力量分別是市場、就業、技術、遷移（吸引移民和人力資源）和資本。她具體指出，城市具有「兩種基礎經濟需要」，一是「需要與其他城市進行大量而蓬勃的貿易」，二是「需要保持良好狀態，以免停滯不前」。她的觀察頗有見地。

按雅各布斯觀點，東京和香港等重要城市「大量交換進口商品，貿易蓬勃」，繼而衍生出城市羣落。許多城市羣落都是這樣形成的。

她還在《城市經濟》(*The Economy of Cities*) 中指出，僅僅成為供應一方，不足以促進城市和地區的經濟發展。她以烏拉圭「急促工業化 (crash industrialisation)」的失敗為例子，表示城市成功的關鍵在於同時成為市場和供應區域。同樣道理，重要樞紐應該聯通富庶的「集水區 (catchment area)」。

雅各布斯認為「城市透過成為關鍵樞紐而建立重要性」，這一看法和已故美國歷史學家和評論家劉易斯·芒福德 (Lewis Mumford；1895-1990) 雷同。芒福德以倡導「花園城市」最為人熟悉。「花園城市」的外圍有多個郊區支援共同的城市中心。市中心別具特色，而非死氣沉沉、空空如也的混凝土平原。現代城市的田園風光在今天比以往任何時候都更接近實現，主要因為交通的發展和能力讓「分佈式製造」(distributed manufacturing) 成為可能。

許多國家曾採用前蘇聯體系，產品和所需的原材料都必須在同一家工廠生產，現在有些地方仍會採用這種做法。這種生產方法可能是封建或部落思想的產物。一個國家內不同地區的工廠互相製造和交易產品所需的材料，大大提高效率。而這種便利在很大程度源自交通的改善。

交通的進步形成了「分佈式城市」，城市的宿舍區設有娛樂設施、公園等，反過來又滿足了充滿特色的市中心對餐館、娛樂場所和城市生活的需求。儘管如此，偉大城市的基本要素大都保持不變，儘管偉大城市要素的多寡強弱仍然存有爭論。

雅各布斯和芒福德針鋒相對，但彼此的觀點有很多共通之處，可謂相映成趣。雅各布斯在《偉大美國城市的消亡和存續》一書中猛烈抨擊芒福德，而芒福德反稱雅各布斯表現出一種「帶有復仇意味的審美庸俗主義」。

二人多年來爭論不休，但事實上二人的想法有很多共通點，都認為良好的城市規劃不應犧牲鄰里社區。著作眾多的芒福德曾寫道：「時間和空間的複雜協調就像社會分工，讓城市生活呈現交響曲的特徵。」他認為，儘管中世紀城市的衛生條件惡劣，但它們卻比科技先進的混凝土森林更能滿足居民的社會需要。芒福德並非提倡回到過去，而是希望現代城市能着重人性。

他在為人熟悉的一篇文章裏，抱怨汽車的興起令道路空間需求殷切，但卻沒有人想大力改善公共交通。他說：「我們的『國花』就是混凝土四葉苜蓿草」，更表示：「人類應回歸徒步出行，行人只需以食物為燃料，毋須

特別的停泊設施。」芒福德和雅各布斯的觀點可謂殊途同歸，前者在一篇評論裏寫道：「城市處於大自然裏，就如一個洞穴、一羣鯖魚，或一個蟻丘。但是它也是一件有意識的藝術品，而城市的公共框架富有許多更簡單、更個性化的藝術形式。心智於城市中成型，而城市也會塑造心智。」

人們以為芒福德過於着重形式，所以忽視了他對實質的追求。但是芒福德是非常務實的。他曾以洞穴和蟻丘為暗喻，指出許多偶然因素結合起來，恰恰形成了城市的偉大特質。他的美學觀點則反映了他殷切期盼城市規劃會變得更加理想。

芒福德亦指出一個頗具價值的觀點：我們今天認為偉大城市不可或缺的因素，在過去絕大部分都不一定是主要因素，甚至是不曾存在。在鼎盛時期的羅馬帝國，羅馬人非常重視洗浴和供水系統，但是羅馬城貴為偉大城市，衛生情況卻長期惡劣，相信今日衛生惡劣的地方都難以被稱作偉大城市。

許多評論家認為，如果要締造偉大城市，並且避免城市成為毫無靈魂的「工業貧民窟」，就不能只着重經濟發展。國際公認的全球經濟、政治和社會趨勢研究

權威喬爾・科特金（Joel Kotkin）認為，單純的製造業基地或工業城市不足以成為真正的偉大城市。他以曼徹斯特、克利夫蘭、聖路易斯和底特律為例作論證，表示：「城市如要蓬勃發展，就必須佔領一塊『神聖地區』，藉此吸引人羣，啟發大眾複雜的本性。」他指出，繁榮的大型城市中心會出現一些阻礙有利發展的特徵，於是其他地方很快便會出現新的機遇。[9]

科特金視城市為「人類最偉大的創造」，並指出城市將人口、人才、權力和財富集中起來。然而他補充，城市需要具備某種形式的「神聖性」和意識形態，同時警告「單一文化」的弊處，指出依賴貿易等單一事業而缺乏思想活力和交流的地方，早晚會被其他城市超越。

2005 年，科特金在美國伍德羅・威爾遜國際學者中心出版的雜誌《威爾遜季刊》上寫道：「城市何以興衰？我認為，決定城市整體健康狀況有三項最重要的因素，即超然的城市地位、安全的保障和影響力的投射，以及蓬勃的商業。如果這些因素存在，城市文化便得以蓬勃發展，反之城市文化便會衰落。」[10]

9　The City, A Global History, Joel Kotkin (Random House, 2005).
10　The City, A Global History, Joel Kotkin (Random House, 2005).

科特金在文章的前段指出，全球各地的世界級城市會不斷轉移城市中心。就在公元前 5 世紀，古希臘歷史學家希羅多德 (Herodotus) 已經深入認識了偉大城市急速的興衰：「曾經盛極一時的城市已經式微，但昔日的小城市現在卻發展成強大的城市，讓我認識到人類的繁榮不可能永遠持續，所以這兩種城市，我都同樣關注。」

在這篇題為《偉大城市能否長存？》的文章裏，科特金基於史實的分析發人深省、旁徵博引，並詳述讓城市不再偉大的負面因素，但他還是無法直接回答「偉大城市能否長存？」這個問題。他在研究偉大城市的關鍵因素時，論證城市的偉大何其短暫，有時只要其中一項或幾項因素改變，城市便因而變得偉大或步向衰落。

我們探尋偉大城市的必備因素，但只要讀過評論者的觀點和運用常識，便能發現今天人們一般認為決定城市的財富和影響力的關鍵因素，不一定放諸世界皆準。

人口數量肯定不是最關鍵的因素，否則中國重慶、印尼雅加達、埃及開羅、印度孟買和加爾各答等城市都會是世上最偉大的城市。人口龐大的城市不一定是最偉大，否則人口少得多的新加坡、香港和法蘭克福肯定也不會備受重視，所以人口的多寡並非關鍵因素。

其他因素還有地理位置、自然資源、歷史、文化和傳統，財政和貨幣政策，以及熟練技工的供應。雖然這些因素都很重要，但它們重要程度會隨着時間而改變。社會、政治、經濟、文化和科技也會影響城市的發展。儘管世界級大都市都會考慮以上要求，但是交通中心才是關鍵因素。

歷史上，地理環境或許是決定城市偉大與否的最關鍵因素。即使一個城市擁有優越的地理位置和輝煌的歷史，但今天如果欠缺強大的交通網絡，也無法成為一個偉大城市。以布魯塞爾為例，它位於歐洲地理中心附近，也是北約和歐盟的總部所在，因此這個「歐洲心臟」也吸引了許多海外代表。布魯塞爾及比利時境內也擁有怡人的旅遊景點、各種美食餐館以及重要的歷史，例如，1815 年滑鐵盧戰役的遺址就在附近。

可是，布魯塞爾絕對算不上世界上最偉大的城市，連在歐洲也算不上是一個一線城市。它缺乏強大的本地航空公司。比利時前國家航空公司比利時航空（SABENA）未曾在歐洲具有競爭力，它破產後，重組成為漢莎航空旗下的廉航布魯塞爾航空，自此以後，比利時未曾有另一家強大的本地經營者可填補這個空缺。人們通常會經由能提供更高頻率班次和更廣闊網絡的

其他主要城市，如倫敦、阿姆斯特丹或法蘭克福前往比利時。布魯塞爾未能成為主要國際城市的部分原因，是它缺乏強大的本地航空公司及一個良好的航空交通網絡。

反過來説，倫敦和阿姆斯特丹雖然在地理位置上不如布魯塞爾般居於歐洲大陸中心，但如今已發展成為比布魯塞爾更好的樞紐。事實上，阿姆斯特丹處於歐洲大陸邊陲，而倫敦更在歐洲大陸之外。倫敦和阿姆斯特丹各自擁有的航空公司英國航空和荷蘭皇家航空，支持了這兩座城市的持續發展。

國家政治中心也不擔保一個城市的偉大。土耳其的首都是安哥拉，澳大利亞的首都是坎培拉。很多人都去過這兩個重要的國家，但不一定到過他們的首都。這兩個城市亦很難説得上是今天世上最偉大的都市。

天然資源也不是主導因素。有些城市即使具備或毗鄰豐富自然資源，它們也未必能從一個商品供應地點，躍升成為主要經濟中心、轉口港或永久交通樞紐。最明顯例子有汶萊的斯里巴加灣市，當地有大量木材可供出口，而且有容易開採的離岸石油和天然氣；沙特阿拉伯的吉達蘊藏大量石油，可以靠油元（petro-dollar）累

積財富；毗鄰南非的納米比亞溫得和克也是鑽石和貴金屬的主要出口地，可是它面臨諸多挑戰，即使佔盡天然資源優勢，也不足以蓋過其弊端。

科特金在文章中提出「超然性」在古代大城市的發展裏起到重要作用。古代城市通常有宗教影子，宗教建築林立，但是符合上述條件的宗教中心已不復存在。羅馬雖然是梵蒂岡的所在地，但城市的鼎盛時期卻是遠早於基督教時代之前。耶路撒冷是基督教徒、穆斯林和猶太人的重地。孟買和新德里匯聚印度教的瑰寶，麥加是穆斯林的聖地，但要選世界上最偉大的城市，它的得票可能不會最多。如果宗教是城市發展的首要條件，那麼不少宗教聖地都會是世界最偉大的城市，所以宗教底蘊還不足以讓城市變得偉大。

歷史悠久的城市很多都是旅遊勝地，例如約旦佩特拉，埃及亞歷山大，西班牙加迪斯，伊朗波斯波利斯，希臘克里特島的伊拉克利翁和科林斯灣的伊泰亞和德爾菲等。這些城市早已失去偉大特質，原因不一而就，有些是隨着所屬帝國覆滅而一沉不起，有些被其他帝國吞併，有些就因為商貿路線的商業中心、貿易中轉站或文化交匯點變得多餘，於是城市也隨之而沒落。

推動這種變化的其中一股重要力量，就是交通運輸技術的進步。歷史例子不勝枚舉。幾百年前的新式帆船速度變快，讓歐洲和亞洲的新航線得以開闢，於是一度由威尼斯、果阿和馬六甲主導的貿易路線或變得不再重要，而交通方式改變或會降低這些城市的地位。隨着柴油動力普及，斯里蘭卡的科倫坡、印度的金奈（前身為馬德拉斯）和加爾各答等早期輪船用煤站都變得不再重要，之後運輸業更迎來史上最大的變革 —— 航空運輸。

科技發展使飛機航程更長，減少途中所需的中轉，於是愛爾蘭香農機場和加拿大甘德機場等昔日相當重要的跨大西洋中轉站，至今可能已經無人知曉。後來飛機可以無間斷穿梭於亞歐之間，於是不少位處航線上的城市，例如印度的孟買和新德里，巴林的麥納麥和阿聯酋的迪拜，也被迫重新定位，開闢新航線，藉此發展成為區域中心。

昔日在太平洋上相當重要的中途加油站也變得多餘。即使來往美國內地和亞洲的國際航班大多會直接飛越太平洋，不再經停檀香山，但夏威夷仍可能是美國人和日本人的度假勝地。就跨太平洋航線而言，經夏威夷的航線位處直航航線以南，實際距離更長，所以即使

夏威夷氣候宜人，風光明媚，也不足以吸引更多國際航班。紐約、巴黎和阿姆斯特丹都不是因為氣候和自然景色而聞名於世。所以氣候和風景似乎也不是讓城市變得偉大的因素。

飛機可以飛越太平洋後，以檀香山為基地的航空公司已無能力彌補國際航班減少引致的損失。兩間航空公司分別在 2008 年 3 月和 4 月破產。由於服務量萎縮，加上郵輪業務減少，2008 年 9 月夏威夷的整體遊客量較前一年減少 19.5%。從飛機航班可提供的座位數目來看，夏威夷潛在的航空客運市場較早一年下降25%。此外，2008 年金融危機也造成美國等地的地區航空公司大量倒閉。

迪拜的例子剛好和檀香山的例子相反。即使經停航班減少，也不一定代表城市會失去原有角色 —— 只是城市必須作出改變。迪拜的例子證明，就算原來經停的航班只會飛越城市上空，不再降落，也不代表城市會就此式微。當中的關鍵在於城市是否能夠建立強大且有活力的本地航空公司。如此一來，即使外在環境出現變化，城市也能維持強勢。本地航空公司應肩負更多區域職能，同時發展洲際航線。

在上世紀 80 年代，飛機和發動機的科技發展，意味着航空公司的飛機可以從亞洲直飛西歐，毋須再在中東停留，於是巴林的麥納麥和阿聯酋的迪拜等城市失去中轉站的角色。迪拜的對策是建立一間網絡龐大的本地航空公司，同時發展旅遊業和大型貨運樞紐，於是迪拜的阿聯酋航空憑實力迅速發展起來，協助迪拜成為重要的航空樞紐，這就是迪拜雄心壯志的關鍵所在。結果迪拜變得繁榮，相反安克雷奇等跨太平洋航線中轉站一蹶不振，兩者反差極大。

科技的發展革新了運輸方式，有些城市自此變得繁華，但有些城市則成為了歷史。這些變化雖然在歷史上屢見不鮮，但從未試過好像近百年般來得那麼快。絲綢之路上不少城市已經消失於歷史洪流之中；中東昔日的商隊驛站如今已銷聲匿跡；在 19 世紀至 20 世紀中葉的歐洲，慢速火車和輪船等交通工具多半已被飛機和高速鐵路取代。

當然，有些地方最初只靠天時和地利優勢而成為樞紐，其後憑藉交通運輸的進步，鞏固其樞紐地位。

時至今日，國際航班可從東北亞直飛美國東岸，但是如果要從東南亞飛到美國東岸，香港、東京、上海、

北京、首爾等地都有便利的中轉航線。同樣，如要從西歐飛往澳洲（目前尚未有直航），那麼迪拜、曼谷、新加坡和香港等航空樞紐也可以作沿途中轉。以上城市之所以能成為樞紐，背後都有它們的原因。以前未有國際航線可飛越中國和俄羅斯的遼闊領土，洲際航班如要飛越印度和中東，曼谷便是中途站的首選。新加坡的地理位置得天獨厚，是前往東南亞的門戶。香港位處東北亞和東南亞之間，大致位於悉尼和倫敦之間的大圓環路線上，地理位置獨特，明顯是便利的中間點。

香港是交通樞紐，可為航行提供便利，也具備不少優勢，足以讓香港躋身偉大城市之列。首先，香港以前曾受英國實施殖民統治，回歸中國後，成為特別行政區，因此有着特殊的歷史文化背景。此外，香港堪稱城市典範，既是商貿和金融中心，也是一個「全球商業中心」。

其實香港也不是孤例。就在馬來西亞－新加坡航空公司（MSA）因政治原因解散之後，新加坡政府就在1972年創立新加坡航空公司（SIA），並着手把新加坡這個東南亞城邦發展成主要航空樞紐。雖然馬來西亞和新加坡曾經都是「發展中國家」，也有自己的航空公司，但是新加坡對航空業的重視，有助新加坡航空公司

和樟宜機場躋身現代商業航空的前列，並在服務和基礎設施方面達到世界級的標準。

　　自香港在 1997 年回歸祖國以來，為了讓香港實現多年來的宏願，人們提出了一些政策上的改變。這些措施包括鞏固金融系統和機構，審視財政和貨幣政策；審視移民政策，容許更多合資格人士（包括中國內地人士）進入香港；以及改革教育政策，培養更多本地人才。其他建議則包括改善生活環境，改善空氣和水質；修改城市規劃，創造更舒適的公共空間；以及促進文化和藝術，提供更多休閒活動；也有人提到如何更好融入祖國大地，盡展香港之長；也有建議主張香港特別行政區與珠江三角洲（特別是深圳經濟特區）進一步融合，[11]經合併後，「大都會」的發展機會比今天還要多，不但可以吸引一些需要土地和勞動力的製造業及一般工業赴港發展，還可以擴闊必備基建的覆蓋，提供更多消閒選項。如此一來，香港成熟的服務業無疑將為珠三角地區以及全國提供更多增值服務。過去十多年來，香港和珠三角地區的政府官員、商界人士、學者、媒體和智庫均認為粵港兩地可互補優勢，互相促進，可以把這個聯盟的效用發揮到最大。

11　英文原書出版時（2010 年）粵港澳大灣區規劃尚未宣佈。

然而在討論過程中，很少有人強調香港作為主要運輸中心的重要性。香港不只是華南的一個轉口港——隨着中國內地發展集裝箱港口，香港的轉口港角色某程度上已經起了變化——而且香港機場也不只是個服務中國內地客運和貨運的重要機場，即使這個角色仍然存在。　在第十四個五年計劃中，中央政府給予香港航空業發展更大力度的支持，賦予香港新的定位，支持香港提升國際航空樞紐地位。不過香港仍然是珠江三角洲地區一個主要的航空樞紐，雖然廣州機場日後可能發展成為另一個龐大的航站，但航運發展並非零和遊戲。

珠江三角洲經濟潛力龐大，正如倫敦、洛杉磯和紐約等世界主要的工業中心一樣，工業和其他經濟集羣往往會圍繞現有的機場發展。隨着時間的推移，香港必須擴大機場規模和航空規模，才可以讓香港繼續發揮航空樞紐的作用。

第二章

歷史上的偉大城市

何謂偉大城市？歷史提供了不少例證。數千年來，威尼斯、長安（今西安）和羅馬同被視為歷史上最偉大城市。威尼斯掌管着歐洲至中東的貿易路線，不但從中獲利甚豐，更因此繁盛起來。到公元 1000 年，威尼斯已成為歐洲和地中海東部最大的貿易中心，其貿易和政治的影響力一直維持到 15 世紀中葉。相似的故事也發生在長安。長安曾經主導全中國近千年，很大程度上得益於它在絲綢之路的優越位置。兩千多年前，羅馬城處於鼎盛時期，在當年的「世界」裏佔據着領導地位。羅馬帝國的版圖擴展至整個歐洲，那時「條條大路通羅馬」，這句話後來更成為無人不曉的諺語。

　　當時羅馬城人口接近 100 萬，是舉足輕重的大都會。羅馬毗鄰阿涅內河與台伯河交匯處。羅馬城之所以壯大起來，有賴便捷的貨物運輸和貿易。此外，良好的道路建設也大大促進經濟、商業和軍事發展。由於羅馬肩負維護龐大帝國的責任，因此羅馬城設於廣闊地域的中心，交通連線四通八達，結果成就了羅馬的偉大。研究該時期的歷史學家羅伯特・洛佩茲（Robert Lopez；1910-1986）稱羅馬是「城市聯盟」，而聯盟內的城市都連接着羅馬這個樞紐。想起來，在火車發明之前，拿破崙行軍的速度不會比千多年前的凱撒大帝快。當然，我們都明白當年新的交通工具 —— 火車 —— 如

何影響世界，影響城市的興衰。

8 世紀時的巴格達也能反映交通聯繫的重要性。哲學家阿布 - 優素福 - 雅克布 - 伊沙克（Abu Yousuf Yaqub ibn-Isha；公元 801-873 年）稱巴格達位處「全世界道路的交匯處」。

後來，馬六甲和果阿也在亞洲的發展中發揮關鍵作用，在開發新加坡之前，馬六甲和果阿已經繁盛起來。肥沃的土地和豐富的自然資源並非兩地成功的關鍵。馬六甲和果阿之所以興盛起來，是因為它們位處於當時主要的貿易和運輸路線。隨着交通路線蓬勃發展，城市發展蒸蒸日上，但後來出現了新的交通方式和科技，結果導致兩地步向衰落。以下我們會追溯歷史上偉大城市的演變，並探討城市和交通路線的密切關係。

長安 —— 絲綢之路中心
（公元前 200 年至公元 800 年）

長安早於周朝已成為國都，自漢朝（前 206 年 -220
年）建都後，便正式以「長安」為名。直至公元 907 年，
長安一直是主導全國的城市，更是周朝、漢朝、隋朝和
唐朝等 13 個王朝的國都。

雖然交通路線受山川等自然障礙阻隔，人們沿途或
須繞道而行，但絲綢之路可能早在漢代有官方記載之前
已經投入使用。

大約在公元前 60 年，漢朝朝廷為了管理西部地
區和保護長安至中亞的路線，設立了西域都護府。漢
朝為了建立貿易和外交關係，沿路向西派遣使團。隨
着貿易蓬勃發展，鄉間民眾被吸引加入，貿易的發展
大大增加了人員、牲畜和其他貴重商品的往來。絲綢
之路向西延伸，一直到達地中海。時至今日，遠在敍
利亞阿勒頗的博物館還收藏了來自中國的古代絲綢
製品。

到了唐朝，絲綢之路得到改進和整固，沿途每隔 30
英里左右，便會設置驛站，內有客棧、馬廄和其他設

施。[1] 盛唐時期全國共有 1,643 間驛站。驛站體系相當健全。唐朝上半葉（公元 618-755 年）是絲綢之路貿易的高峯。到了公元 742 年，長安的人口約為 196 萬。[2] 相比之下，倫敦在公元 1086 年的人口（同樣按照長安人口計算的方式，包括在鄰近和外圍地區的人口）只有 100 萬。[3]

後來，貿易逐漸轉移到華東和華南的海港。唐朝的覆滅削弱了中國內部的穩定，鄰國開始劫掠絲綢之路商隊，加上歐洲、印度和中國的海上路線漸漸開闢，海上路線成本比陸路更低。宋朝在 10 世紀初建立，並遷都開封，於是長安便失去了主導地位。[4] 長安時代是中國史上一個黃金盛世。

1　http://silkroadbazaar.net.php?option=com_content&task=view&id=22&itemid=84.
2　http://www.britishmuseum.org/pdf/Comparative%20timeline.pdf.
3　Ibid.
4　http://www.chinaorbit.com/travel/xian-china-travel/history-changan-xian.html.

威尼斯 —— 地中海心臟（1050 年至 1650 年）

威尼斯是座落於亞得里亞海的小城邦，與拜占庭帝國和穆斯林世界進行貿易，到了 13 世紀末更成為歐洲最繁榮的城市。在隨後的五個世紀，威尼斯繼續主導着歐洲和中亞之間的貿易和運輸。威尼斯既是一個主要貿易國，也是維護水路貿易網絡的航海大國。

在公元 1095 年展開的第一次十字軍東征，為威尼斯提供向東擴展勢力的機會。自此威尼斯的勢力從黑海的拜占庭帝國（或威尼斯人所稱的羅馬尼亞地區）和意大利北部地區，一路向南延伸至埃及，更向東輻射到「十字軍國家」。[5] 十字軍遺下的城堡廢墟散見於區內，敍利亞的騎士堡就是其中一個著名遺跡。在戰火和貿易的雙重推動下，海運等運輸業的需求顯著增加。據萊頓大學的漢斯・塞尼森博士（Hans Theunissen）所言，威尼斯、熱那亞和比薩這些重商的意大利共和國，均積極支持十字軍征討敍利亞、巴勒斯坦和埃及的穆斯林。他說：「為了回饋意大利人的支持，十字軍讓意大利人在十字軍城邦享有廣泛的商業特權，從此開啟了黎凡特貿易的新時代。威尼斯人不

5　http://www.deremilitari.org/resources/articles/dotson1.htm.

僅在基督教地區經商，還會在周邊的穆斯林地區進行貿易。」[6]

1104 年，威尼斯兵工廠正式成立。這所兵工廠是一間造船廠和海軍倉庫，主要用於維修海軍船艦。1320年，威尼斯興建了一座更大的造船廠 —— 諾沃兵工廠（Nuovo Arsenal），為威尼斯建造海軍船艦和大型商船。

威尼斯人發明了一套在造船廠內大量生產商船和軍艦的方法。他們會預先製造船隻框架，造船的速度不但更快，更能節省木材。在 16 世紀初，諾沃造船廠的生產效率達到頂峯，聘請 16,000 名工人，幾乎能每天建造一艘船。船廠採用生產線工序，為當時西方世界其中一間最大的工業基地。[7]

威尼斯是享譽全歐洲的造船基地，地位舉足輕重，在 1201 年第四次十字軍東征前，十字軍要和威尼斯進行談判，威尼斯須負責運送 33,500 名十字軍。按照協議，威尼斯需要花一年時間準備，以建造多艘船隻，並培訓操控船隻的水手。

6　http://www2.let.uu.nl/solis/anpt/EJOS/pdf/VG02.pdf.

7　Anton Dolinsky, *Inventory Management History Part 3*, Almyta Systems.

君士坦丁堡在 1204 年陷落，威尼斯和十字軍領袖按原定協議瓜分拜占庭帝國。更重要的是，隨着愛琴羣島公國在 1207 年成立，威尼斯還得到這地區的勢力範圍。愛琴羣島公國的頭等要務，就是保護有價值的貿易路線，以及保障威尼斯船隻在愛琴海可以安全航行。從威尼斯經君士坦丁堡到「遠東」的航線亦得以確立。

建立了貿易聯繫和運輸網絡後，1400 年左右的威尼斯已成為歐洲的主要勢力，貿易額超過其他競爭對手的總和，旗下有幾萬名水手和 3,600 艘船隻，在歐洲的地位牢不可破。[8] 正如歷史學家、作家揚・莫里斯（Jan Morris）在《威尼斯》（*Venice*）一書中指出，威尼斯已經確立其重要交通樞紐的地位，而且按照當時的標準，威尼斯已經是一座世界級城市。威尼斯的主導地位不僅源自地理位置，而且統治者還認識到海上航線的重要之處，致力運用政治和軍事力量來爭奪和保護航線。此外，建立艦隊和發展艦隊能力（包括造船）也相當關鍵。威尼斯還會投資藝術和文化發展，從而提高自身地位，吸納人才。

威尼斯的黃金時代持續了好幾個世紀。後來新的航

8　J.J. Norwich, *A History of Venice* (Knopf: New York, 1982).

運和海事科技面世，人們開闢了從里斯本到遠東的新航線，加上英國、葡萄牙、西班牙和荷蘭等區內強國冒起，加劇了國際競爭。土耳其人在 1453 年佔領了君士坦丁堡，自此威尼斯便步向衰落。這些國家在海外開拓殖民地，取道新的航線，繞過好望角前往印度，或向西橫越大西洋。[9] 從此，貿易重心便逐漸從地中海和西歐向東面和西面遷移。

---

9   http://www.giaretta.com/news.php?lang=2&id=100.

果阿 ——「東方里斯本」
（1550 年至 1700 年）

果阿無法與羅馬、長安和威尼斯這些偉大城市匹比，但為了說明運輸路線的重要性，果阿還是值得探討的例子。

保羅・諾克斯（Paul Knox）和約翰・阿格紐（John Agnew）在合著的《世界經濟的地理》一書中提出，經濟發展令美洲、非洲和亞洲沿海地區出現了定居地。[10] 這些定居地可分為貿易站（例如果阿）、轉口港和門戶港口三類。他們研究了西班牙港、喬治敦、累西腓、里約熱內盧、羅安達、開普敦、桑給巴爾、亞丁、果阿、科欽、馬德拉斯（今欽奈）、檳城、馬六甲和馬尼拉，發現它們全都依靠貿易路線而興起，而貿易路線的改變最終導致它們衰落，因為它們都無法繼續吸引人們往來及運輸。

1510 年，葡萄牙佔領果阿，那時果阿只是印度西岸一個小城。入侵者想把果阿用作海軍基地和葡萄牙在亞洲的主要殖民地，然後再深入遠東。葡萄牙將果阿發

10　P. Haggett, *Geography: A Modern Synthesis* (London: Harper & Row, 1983).

展成東西方之間的運輸和貿易中心，果阿的面積也因此擴大。在 1575 年至 1625 年間，[11] 果阿人口約為 20 萬，與當時的倫敦或里斯本相差不遠。[12]

隨着其他歐洲勢力於 16 世紀陸續抵達印度，葡萄牙人的領地後來大多被英國人和荷蘭人侵佔，而且貿易和運輸路線受到嚴重影響。果阿作為香料貿易樞紐的重要地位備受荷蘭人壓制，加上多次爆發霍亂，可謂雪上加霜，陷入嚴重衰落。到了 1775 年，果阿只剩下 1,500 人，果阿總督落荒而逃，各大社羣出現宗教摩擦，最後果阿失去了影響力。

這段歷史正好說明交通是偉大城市的重要因素。由於葡萄牙失去了貿易路線的控制權，而且果阿也沒有其他基建或角色去取代貿易路線的功能，於是果阿變得多餘，果阿的黃金歲月也逐漸湮沒於歷史長河中。

在 16 和 17 世紀，葡萄牙在亞洲的另一塊佔領地澳門卻發展迅速。澳門當年肯定比新加坡更加繁榮（那

11　http://ganapati.free.frigoal/goaeng.html.

12　http://www.costacruise.com/B2C/DK/Shopping/Destinations/Port/Detail.htm?&Marco=ORIENTAL+LANDS&VCountry=IND_OR&CalPort=GOI&Nav=3.

時的新加坡尚未在地圖上出現，斯坦福德・萊佛士〔Stamford Raffles〕要到 1819 年才踏足新加坡），然而澳門只是一個外國人駐留的貿易站（outpost），從未發展成為樞紐，可見財富、貿易或中途停留港的地位並不足以讓城市變得偉大。

倫敦 —— 世界之城

1600 年，倫敦的人口約為 20 萬，[13] 大約是巴黎的一半。到了 1700 年，倫敦的人口增至 57 萬 5 千。倫敦人口在 19 世紀 30 年代暴增，時至 19 世紀末，倫敦人口已達 600 萬。[14] 此外，倫敦人口也相當稠密。1650 年，整個法國也只有 2.5% 的人口住在巴黎，[15] 但住在倫敦的人口已佔全英國 7.5%，1701 年上升至 11.5%，到了 1901 年更增至 20%。[16]

倫敦的人口膨脹源於運輸和貿易的增長。英國國內的水陸運輸網絡始建於中世紀。倫敦早在 1650 年已定期有船隻前往約克（York）、曼徹斯特及雅息特（Exeter）。1750 年，從倫敦到曼徹斯特需花上五天時間，但到了 1830 年，船程僅需一天。[17]

13　http://www.demographia.com/dm-lon31.htm.

14　https://www.visionofbritain.org.uk/data_cube_page.jsp?data_theme=T_POP&data_cube=N_TOT_POP&u_id=10097836&c_id=10001043&add=N

15　Karen Newman, *Cultural Capitals: Early Modern London and Paris* (Princeton: Princeton University Press, 2007).

16　http://www.storyoflondon.com/modules.php?op=modload&name=News&file=article&sid=474&mode=thread&order=0&thold=0.

17　http://www.historylearningsite.co.uk/coaches_1750_to_1900.htm.

1700 年，倫敦處理全國 80% 的航運貿易，囊括 69% 的出口和 86% 的轉運。[18]

　　倫敦的交通運輸能力讓它成為國際貿易中心，連帶專業服務也興旺起來。倫敦市從中獲得巨大財富，於是消費品的需求也快速增長。倫敦在 1800 年已經有約 80 間銀行和形形色色的專業服務，不少製造商紛紛遷入倫敦。在航空時代來臨前的 20 世紀初，倫敦已擁有世界上最大的港口，航運業及相關行業的從業員多達 50 萬人。

　　當然，鄰國城市也會和倫敦爭奪利益，其中尤以荷蘭、西班牙、葡萄牙和德國為甚。但到了 20 世紀，海上客運量減少，航空運輸量增加，倫敦發展成為世界領先的國際民用航空樞紐，並且長期維持領導地位。

　　本書會在之後的篇幅再討論航空業和倫敦，但值得一提的是，倫敦很快便把握航空的新趨勢。倫敦在 1919 年開辦首條民航航線，每日往返倫敦和巴黎。不消幾年，倫敦便發展現代機場。倫敦希思羅機場最初只是一個私人機場，後來用作軍事基地，最後在 1946 年

18　Peter Mathias, *The First Industrial Nation: The Economic History of Britain* (London; New York: Routledge, 2001).

改為商業機場。蓋特威克機場（Gatwick Airport）也經歷過同樣的轉變，後來在 1958 年成為倫敦其中一個主要的民用機場。

　　倫敦歷史悠久，加上交通非常方便，所以旅遊業成為了倫敦重要的經濟支柱。1990 年，到訪倫敦的國際旅客已多達 2,500 萬人次，到了 2007 年更達到 3,400 萬人次。[19] 同年到訪香港旅客總數有 2,800 萬人次，其中包括來自中國內地的跨境遊客，以及過境轉乘交通工具到其他目的地的旅客。[20] 2004 年，希思羅機場的旅客吞吐量為 6,000 萬人次，2007 年升至 6,800 萬人次。[21] 當然希思羅機場附近還有好幾個機場。相比之下，香港機場在 2007 年的旅客吞吐量為 4,778 萬人次。[22]

19　http://www.tourismtrade.org.uk.
20　Hong Kong Tourist Bureau (HKTB).
21　http://www.airports.org.
22　Hong Kong International Airport statistics.

紐約 ——「城市之王」

紐約市是現時美國最大的城市，但是美國剛獨立時並非如此。荷蘭人於 1664 年放棄這個名為「新阿姆斯特丹」（New Amsterdam）的地方，因為他們忽略了當地在運輸和海上貿易的潛力。[23]

18 世紀的紐約面積小於費城和波士頓。到了 19 世紀初，紐約的規模及重要程度與波士頓和費城相若。1825 年，長達 360 英里的伊利運河（Erie Canal）開通。運河經哈德遜河連接五大湖和大西洋，使紐約市在貿易和航運樞紐兩方面都獲得了領先地位。

1815 年左右，大量人口從東岸向西遷移，增加美國東部和中部地區之間的貿易需求。在運河落成之前，如要前往紐約州西部，路途困難重重，雖然船隻可以在哈德遜河和莫霍克河航行，但最遠只能駛至紐約州中部。儘管人們可沿聖勞倫斯河前往安大略湖，但是尼亞加拉大瀑布阻礙了西行至五大湖的航線，因此陸路是前往紐約西部的唯一途徑。由於道路受環境所限，只能容納小型貨車通行，因此每天只能行進寥寥幾英里。長途貨運

---

23 Joel Kotkin, *The City – A Global History* (New York: Modern Library Chronicles, 2005).

既不實際，也不划算。

時任紐約州州長德維特・克林頓（DeWitt Clinton）強烈建議修築一條連接哈得遜河與伊利湖的運河，接駁五大湖區，包括新發展的中西部、俄亥俄州、伊利諾伊州和密歇根州。[24] 到了 1840 年已修建了 3,000 英里的運河，除了連接大西洋多個港口城市，還接通了美國中西部，把橫越紐約州的行程從數週縮減至數天。此外，運河還大大降低了運輸成本。著名歷史學家薩姆・沃納（Sam Warner）在評論美國歷史時表示：「紐約的伊利運河是最成功的運河，營運數年之後，從水牛城運送貨物到紐約市的運費，從 1817 年的每噸每英里 19 美仙，下降到僅僅 1 美仙。」[25]

伊利運河有助中西部農產品開拓美國東部和海外市場，促進美國各地的貿易。在運河途經的大片遼闊土地上，貿易和城鎮應運而生，水牛城、羅切斯特和雪城等港口城市蓬勃發展。自 19 世紀 20 年代起，從事遠東茶葉貿易的波士頓快船便開始停靠曼哈頓。從 19 世紀 50

---

24 http://en.wikipedia.org/wiki/Erie_Canal.
25 Sam Bass Warner, Jr., *The Urban Wilderness: A History of the American* (Berkeley, C.A.: University of California Press, 1995), p.68.

年代開始，波士頓絕大部分的棉花批發貿易都是在曼哈頓進行，自此紐約既是貿易和航運中心，也是美國主要的貨幣市場。到了 1830 年底，紐約人口達 202,589，而費城人口則只有 188,797。哥倫比亞大學教授肯尼斯・傑克遜（Kenneth T. Jackson）是研究紐約市歷史權威專家，他在名為「紐約市的歷史」的課程中表示，伊利運河在 1825 年峻工後，便成為了紐約發展歷程中一個最關鍵的里程碑。

在之後的幾十年裏，鐵路逐漸取代了運河，成為區內主要的運輸方式。到 1840 年，約 3,000 英里的軌道把紐約、聖路易斯和芝加哥等地連接起來。15 年後，通往舊金山的橫貫大陸鐵路峻工。到 19 世紀中葉，紐約市「就像美國經濟網上一隻蜘蛛，把資源引導到大都市，然後將之轉化並輸送到遠近各地。」[26]

有些人或許會問，為何美國的公路發展會較水路和鐵路落後？距離是其中一項因素。如要載人和載貨，鐵路系統較其他交通工具方便，而且更易興建。美國的主要城市往往相距較遠，加上在廣闊的鄉郊地區，馬車和

26　Janet L. Abu-Lughod, *New York, Chicago, Los Angeles: America's Global Cities* (Minneapolis & London: University of Minnesota Press, 1999), p.36.

卡車仍是最受歡迎的交通工具。要到了 20 世紀初期，機動車輛才在美國公路上出現，而且車輛仍未被當成一種重型運輸工具，直至州際公路系統面世後，運輸成本才有徹底的改變。第二次世界大戰以來，機動車輛完全改變了美國鄉郊的面貌。

運河和鐵路能解釋紐約如何超越競爭對手，然而紐約市掌握交通霸權的關鍵在於港口的國際角色。運河和鐵路在港口交匯，有了這種運輸能力，蓬勃的大西洋貿易才得以實現。[27] 這種地理上的連接把財富、生產力、商業服務、區域實力和經濟管控匯集一處，時至今日，這些因素仍然是「世界城市」的必備條件。

肯尼斯・傑克遜強調這種主導地位對港口的依賴程度，並指出：「在葛咸城（紐約）首三世紀的歷史裏，商業一直是城市發展的基礎，但城市的海濱仍然是經濟支柱……自 1820 年起，紐約港是世界最繁忙的港口，要到了 1960 年代，才被鹿特丹超越。」

在 1860 年，紐約港處理美國全國幾乎一半的對外

---

27 Federick Jaher, *The Urban Establishment: Upper Strata in Boston, New York, Charleston, Chicago, and Los Angeles*, pp. 177-78.

貿易。[28] 到了 19 世紀 70 年代，紐約市場幾乎能左右貿易商品的價格。

阿布·盧格德 (Abu-Lughod) 在著作裏指出：「我們發現『世界之城』的種子，早在 19 世紀中葉已牢牢扎根於曼哈頓。」紐約如今是世界其中一個頂級城市，有一年澳洲悉尼舉辦福布斯論壇 (Forbes Conference)，前紐約市市長朱利亞尼 (Rudy Giuliani) 在會上公開表示紐約是「世界之都」。

---

28 Jean Heffer, *Le Port de New York et le commerce extérieur Américain, 1860-1900* (Paris: Publications de la Sorbonne, 1986), p.22.

共同因素

綜觀歷史，有些城市能獨佔鰲頭，有些城市卻只能苟延殘喘，逐漸湮沒在歷史洪流中。觀乎成功的偉大城市，我們發現成功的關鍵在於它們對運輸路線的依賴性。

金融中心、商務貿易、旅遊熱點、工業中心、大型活動、高科技發展和教育中心匯聚一地，或許是當今偉大城市的一些明顯特徵，但是交通才是根本要素，我們絕不應忽略。試想像，假如來往倫敦的航空交通完全停頓，那麼倫敦作為貿易金融中心和旅遊勝地的吸引力，甚至是作為一個國家首都的存在價值，都會因為交通不便而逐漸消失。

在人類歷史上，運輸路線孕育出偉大城市，運輸的重要性一直不言而喻。運輸以前只有陸路和海路兩種，羅馬和長安曾有先進的交通模式，因而顯赫一時。如今人們都不再騎馬、騎駱駝或乘船出行，而乘郵輪的遊客也只佔極少數，因此航空運輸已成為主要的長途出行方式。根據某大航空公司的內部研究，如果陸路運輸需時超過三至四小時，撇除價格和其他差異，旅客均會考慮乘搭飛機。

2006 年，航空旅客佔全球所有入境國際旅客人數的 46%，但數字包括短途跨境旅客，而短途跨境旅客所佔比例仍快速增長。[29] 因此，倫敦、香港、新加坡、東京和紐約等當代貿易和商業中心都是主要航空樞紐。

正如表 2-1 和 2-2 所示，國際航空客運量和航空貨運量高的城市，都是我們耳熟能詳的世界性城市。

這種現象實在不足為奇。以下我們需要介紹幾個概念：「跨境／國際」的定義為要接受旅行證件檢查的通行。在邏輯上和法律上，東盟或歐盟境內旅客的往來都歸類為跨境／國際旅行。至於來往中國香港和中國內地的航程，儘管都在中國範圍內發生，但也計入「跨境／國際旅行」。

航空貨運也有助我們認識一線城市的重要性。正如上表一樣，下表的數字也包含樞紐城市的轉運：

---

29 UNWTO Tourism Highlights 2007 edition, World Tourism Organisation.

表 2-1　2007 年和 2019 年的跨境／國際航空客運量

排名	2007 年排名	2007 年總人次	2019 年排名	2019 年總人次
1	英國倫敦希思羅機場	62,099,530	阿聯酋迪拜國際機場	86,328,896
2	法國巴黎戴高樂機場	54,901,564	英國倫敦希思羅機場	76,043,973
3	荷蘭阿姆斯特丹史基浦機場	47,677,570	荷蘭阿姆斯特丹史基浦機場	71,679,691
4	德國法蘭克福機場	47,087,699	中國香港國際機場	71,287,552
5	中國香港國際機場	46,304,879*	韓國首爾仁川國際機場	70,578,050
6	新加坡樟宜機場	35,221,203	法國巴黎戴高樂機場	69,823,084
7	日本東京成田國際機場	34,289,064	新加坡樟宜機場	67,601,000
8	阿聯酋迪拜國際機場	33,481,257	德國法蘭克福機場	63,067,739
9	泰國曼谷蘇萬那普國際機場	31,632,716	泰國曼谷蘇萬那普國際機場	52,933,565
10	英國倫敦蓋特威克機場	31,139,116	中國台北桃園國際機場	48,360,290

表 2-1 （續）

排名	2007 年排名	2007 年總人次	2019 年排名	2019 年總人次
11	韓國首爾仁川國際機場	30,753,225	西班牙馬德里巴拉哈斯機場	44,917,756
12	西班牙馬德里巴拉哈斯機場	29,339,784	馬來西亞吉隆坡國際機場	44,854,685
13	德國慕尼黑機場	23,988,612	英國倫敦蓋特威克機場	43,123,851
14	愛爾蘭都柏林機場	22,339,673	土耳其伊斯坦堡機場	39,434,579
15	美國紐約約翰·甘迺迪國際機場	21,521,711	卡塔爾多哈哈馬德國際機場	38,786,566

* 香港國際機場 2007 年的統計顯示當年乘客人次為 47,783,000。

資料來源：國際機場協會。

表 2-2　2007 年和 2019 年的國際航空貨運量

排名	城市（2007 年）	貨運噸數（2007 年）	城市（2019 年）	貨運噸數（2019 年）
1	香港（中國香港國際機場）	3,741,827	香港（中國香港國際機場）	4,703,589
2	仁川（韓國首爾仁川國際機場）	2,523,677	上海（中國上海浦東國際機場）	2,825,009
3	東京（日本東京成田國際機場）	2,211,826	仁川（韓國首爾仁川國際機場）	2,664,005
4	法蘭克福（德國法蘭克福機場）	2,030,169	迪拜（阿聯酋迪拜國際機場）	2,514,918
5	巴黎（法國巴黎戴高樂機場）	1,994,027	多哈（卡塔爾多哈哈馬德國際機場）	2,173,371
6	新加坡（新加坡樟宜機場）	1,894,766	台北（中國台北桃園國際機場）	2,165,216
7	上海（中國上海浦東國際機場）	1,825,574	東京（日本東京成田國際機場）	2,039,905
8	安克雷奇（泰德・史蒂文斯安克雷奇國際機場）	1,662,721	新加坡（新加坡樟宜機場）	2,014,100
9	邁阿密（美國邁阿密國際機場）	1,610,895	法蘭克福（德國法蘭克福機場）	1,961,460
10	阿姆斯特丹（荷蘭阿姆斯特丹史基浦機場）	1,610,282	安克雷奇（泰德・史蒂文斯安克雷奇國際機場）	1,942,554

表 2-2　(續)

11	台北（中國台北桃園國際機場）	1,593,015	巴黎（法國巴黎戴高樂機場）	1,888,497
12	迪拜（阿聯酋迪拜國際機場）	1,590,740	邁阿密（美國邁阿密國際機場）	1,706,064
13	倫敦（英國倫敦希思羅機場）	1,313,020	倫敦（英國倫敦希思羅國際機場）	1,586,865
14	紐約（美國紐約約翰·甘迺迪國際機場）	1,179,419	阿姆斯特丹（荷蘭阿姆斯特丹史基浦國際機場）	1,570,261
15	曼谷（泰國曼谷蘇萬那普國際機場）	1,178,000	曼谷（泰國曼谷蘇萬那普國際機場）	1,293,589
16	芝加哥（美國芝加哥奧黑爾國際機場）	1,022,261	洛杉磯（美國洛杉磯國際機場）	1,272,010
17	洛杉磯（美國洛杉磯國際機場）	1,004,941	芝加哥（美國芝加哥奧黑爾國際機場）	1,251,111
18	盧森堡（盧森堡機場）	856,450	萊比錫（德國萊比錫／哈雷機場）	1,147,233
19	大阪（日本關西國際機場）	763,563	廣州（中國廣州白雲國際機場）	1,124,224
20	布魯塞爾（比利時布魯塞爾國際機場）	737,542	紐約（紐約約翰·甘迺迪國際機場）	956,217

資料來源：國際機場協會。

那麼到底是先有偉大城市，還是先有偉大城市所需的交通連線？幾本經濟學著作都認為，交通是城市發展的「必要條件，而非充足條件」，[30] 然而可能只有學界才會在這種問題上糾結。在遠古時代，持續定居點（即早期城市）均設在交通運輸的河流和淺海沿岸處。正如上文所述，城市沿着運輸路線形成。而在過去五十年，緊密的航空聯繫和現代大城市的發展齊頭並進，大城市成為貿易、金融、服務、商務和旅遊業的集中地。時至今日，中國內地仍流傳着一句順口溜：「要想富，先修路。」

縱觀美國和其他國家的歷史，大規模城市化往往可以透過交通網絡發展階段的框架來理解。[31]

樞紐的交通便捷程度是城市和國家經濟發展的砥柱。現時航空已經是主要的交通方式，而緊密的航空聯繫能為城市積聚財富，提升城市的影響力，讓城市享譽全球，蜚聲國際。

30　Owen 1987; Leinbach and Chia 1989.
31　Borchert 1967; Taaffe, Morrill and Gould 1963; Taaffe 1967; Vance 1986.

第三章

航空在全球的重要性

航空業對世界的改變有多大，速度有多快，有時也出乎意料。

新技術的發展取代舊有的航運，也降低了航空飛行的實際成本。大海和山脈不再阻礙旅途，世界地圖也得重新繪製。

起初，飛機須沿着主要經濟貿易路線飛行，因為中途必須停站加油，但當代空運已不必再遵從這套規則，飛行目的地幾乎可以任意選擇，只要能為航空公司、航空公司所在國家和目的地帶來經濟利益便可。航空業，貨物和人員迅速流動，經商和出差變得更加便利，到訪名勝的新路線得以拓展，旅遊業得以發展，業務蒸蒸日上的航空業還會吸引相關行業到機場附近地區（尤其是樞紐附近）運作，所以航空業可以為貿易帶來龐大經濟利益。

一旦航空交通中斷或遭受嚴重干擾，例如 2001 年美國發生的 9•11 恐怖襲擊，以及 2019 年新冠疫情危機下全球的景況，便會造成龐大損失。就以 2008 年泰國曼谷示威為例，示威者從 2008 年 11 月 25 日至 12 月 4 日關閉了曼谷兩個機場。泰國銀行估計泰國的經濟損

失超過 80 億美元。[1] 所以如果航空交通這個關鍵因素遭到削弱，後果將會相當嚴重。

儘管航空業仍是一個相對年輕的行業，但在過去幾十年都有長足發展。1903 年 12 月 17 日，萊特兄弟在美國北卡羅來納州的基蒂霍克海灘（Kitty Hawk Beach）首次正式成功試飛人類第一架飛機，但是這項創舉尚未大大改變出行方式。直至十多年後，才有第一班定期航班面世（穿越佛羅里達州坦帕灣上空），16 年後的 1919年，世上出現第一班國際定期商業航班（來往倫敦和巴黎）。1920 年，荷蘭皇家航空公司成立。雖然荷航和法國航空已經在 2004 年合併，但前者仍繼續以荷航名義經營，因此荷航是以原有名稱營運的航空公司中歷史最悠久的一間。

航空服務穩步增長，主要原因是有些國家需要加強與殖民地和海外城市的聯繫，或者需要連接國內主要城市。航空公司的例子包括英國的帝國航空公司（曾經是英國一間主要的航空公司），而荷蘭皇家航空公司和泛

1　"Airport Closure Cost Country Baht 290 Billion: Study." *Bangkok Post.* 10 January 2009.

美航空公司也在世界各地建立航線。美國的環球航空公司（2001 年被美國航空公司收購）、美國航空公司和美國聯合航空公司也有類似的發展。航空公司受到當時的技術所限，自然而然地建立起樞紐。美國幾間主要航空公司都經歷過好幾次重組。1930 年，環球航空成立，同年洲際航空運輸也和西部快運合併，成立洲際西部航空。美國航空的前身羅伯特森航空公司在 1929 年與其他小型航空公司合併成為航空集團公司（The Aviation Corporation）。1930 年，該公司合併權益，成立美國航空（American Airways），後來在 1934 年成為美國航空公司（American Airlines）。美國聯合航空的前身是 1926 年成立的瓦尼航空公司（Varney Airlines），後來成為波音 - 普拉特 - 惠特尼公司（Boeing and Pratt and Whitney）的一部分，1931 年更名為美國聯合航空公司。1934 年，政府命令聯合航空從波音公司中分離出來，並以獨立的航空公司身份經營。

這些航空公司都以公司基地為樞紐，除了不斷擴展航線網絡，還會開拓國際航線。類似開羅和堪薩斯這樣的城市變成中轉站，是由於開羅位於倫敦至開普敦航線和倫敦至印度航線的中間點，而堪薩斯也差不多是美國東西岸之間的中間點。

航空交通這種新型運輸方式重繪了世界地圖。機場在很大程度上取代了昔日海上樞紐和主要港口的作用，於是開普敦、馬六甲和果阿等多個海洋航運樞紐都步向衰落，港口的重要性讓給了鄰近的機場。再者，距離的概念和以往大有不同，現在人們可以乘坐飛機飛越高山和深海，因此主要樞紐不必設在國家和大陸的地理中心，對樞紐的發展影響深遠。以前，許多地區都沒有機場，航空公司有時要使用飛艇在水上升降。泛美航空的飛艇就因為需要長途飛行，而不得不利用太平洋的中途島和威克島作為加油站和休息站。同樣，帝國航空公司的飛艇在飛往印度的航程中，也會經過非洲多個湖泊。戰爭的壓力使得航空科技出現顯著進步，而有些機場最初也有軍事用途。第二次世界大戰後，航空運輸業迅速發展，成為了主要的長途旅行方式，自此航空運輸業幾乎以倍數增長。

戰後不少軍用運輸機也改裝成客機，例如雙引擎的道格拉斯 DC-3、四引擎的道格拉斯 DC-4。後來面世的 DC-6 和 DC-7，以至洛克希德星座（Lockheed Constellation）系列和超級星座系列（Super Constellation）也讓航空向前邁進一大步。1956 年，航空已經超越火車，成為美國境內長途運輸的主要方式。上世紀 50 至

60 年代，科技的進步把噴射引擎帶進商業航空業，波音 707 和 DC-8 四引擎噴射客機將長途旅行所需時間減半，不但提高了效率，還降低了票價。然而「低票價」只是相對概念，因為當時只有上流社會人士才能享受航空旅行。直到 1970 年 1 月，波音 747 投入服務，揭開大型噴射機時代的序幕，後來美國於 1978 年開始取消航線和機票價格的管制（Deregulation），航空旅行終於普及起來。

自上世紀 80 年代中期起，全球航空乘客人數已增加 2 倍，貨運量增長逾 3 倍。航空運輸的發展為社區和經濟帶來莫大裨益，許多城市的命運也從此改變。

經濟學和城市化領域的研究均表明航空運輸對城市的重要性。丹佛大學的安德魯·德魯戈茨（Andrew R. Goetz）在 1992 年分析了美國前 50 個大都會區的數據，發現城市人均航空旅行增長與人口及就業增長呈正比關係。[2] 研究引用了 1950 年至 1987 年的統計數據，發現大都會地區居民乘搭飛機的概率較高，而區內人口和國內生產總值的升幅也高於美國全國大都會的平均水平。

2　Goetz, Andrew R. "Air Passenger Transportation and Growth in the US Urban System, 1950-1987." *Growth and Change*. April 1992.

歐文（M. D. Irwin）和卡薩達（J. D. Kasarda）曾研究機場對本地就業增長率的影響，發現航空公司網絡的變化是「就業增長的原因，而非結果」。[3] 由肯尼斯‧巴頓（Kenneth Button）、索米克‧勞爾（Somik Lall）、羅傑‧斯托（Roger Stough）和馬克‧特里斯（Mark Trice）共同進行的一項研究也提供了支持證據。他們研究了樞紐機場市場（即匹茲堡、辛辛那提、納什維爾和密爾沃基）的高新科技業就業情況，發現航空運輸的繁榮會帶來更多就業機會。[4]

航空業從不同方面對經濟產生了廣泛影響。牛津經濟預測（Oxford Economic Forecasting）曾公佈一份有關航空和業界收益的報告，展示了一幅全面的圖表（見圖3-1），分析民航業對旅遊業、貿易、生產力、投資選擇和就業等方面的影響。這份研究也探討了一些偉大城市的個案。

「Orient Aviation Greener Skies Conference」會議在

3　Irwin, M. D. and Kasarda, J. D. "Air Passenger Linkages and Employment Growth in US Metropolitan Areas." *American Sociological Review*.1991.

4　Button et al. "High-technology Employment and Hub Airports." *Journal of Air Transport Management*. 1999.

圖 3-1

航空交通業		
直接 （行業內）	**間接 / 引發** （行業供應鏈）	**催化作用** （對其他行業的影響）
航空公司 客運 貨運 售票 一般航空	**供應** 地外燃油供應商 餐飲 建造	貿易 旅遊
機場和服務 民用機場 一般航空機場 地勤和餐飲 貨運 飛機維修 在地加油 零售	**生產** 電腦 / 電子零件 貨品零售 商業服務 電話服務中心 會計師 律師、銀行 電腦軟件	地點 / 投資 勞工供應 生產力 / 市場效率 消費者利益 / 社會 擠塞 / 環境
航空導航 服務供應商		
	引發 （員工直接或間接消費） **餐飲** 消閒娛樂 交通 服裝 家居用品	

（左側縱列：航空業、民航業）

2009 年 10 月假香港舉行，會上空中巴士公司一位高級管理人員引用公司委託進行的獨立研究結果，估計到了 2026 年，航空業 —— 包括相關基建和旅遊貢獻 —— 將在全球各地提供 5,000 萬個就業職位（目前為 3,300 萬），為全球 GDP 貢獻約為 3.6 萬億美元（2009 年為 1.5 萬億美元），[5] 可見航空業對其他依賴快運的企業有深遠影響。

至於航空業對其他倚賴快速交通工具的業務之影響，更是難以估計。

5　詳見 *Orient Aviation*，2009 年 11 月號第 14 頁。

航空業的益處 / 影響

旅遊業

　　事實上，國際航空運輸是許多國家和地區旅遊業成功的重要因素，對偏遠地區而言更甚。旅遊業為城市帶來可觀的淨外匯收入、就業機會、宣傳價值和發展潛力。

　　根據聯合國世界旅遊組織（WTO）的數據，2007年全球旅遊業僱員有近 2 億人，佔全球僱員人數 3%，2019 年，全球旅遊業直接僱用 3.3 億人，佔全球就業人數 10%，旅遊業在全球各地創造的國內生產總值達 9.6 萬億美元。[6] 當然這些數字並非全都只與航空旅行相關，例如酒店和度假區、旅行社、航運公司、餐館、旅遊景點等勞工密集型行業都聘用大量人手。近年旅客人數迅速增加，儘管新冠疫情令近幾年的增長放緩，數字仍然相當可觀。根據國際機場協會的數字，2007 年估計有近 5 億人次旅客穿梭全球各大機場，2019 年有 8.8 億人次往返於全球各大機場，比上一年增加了 6.4%，多年來的增幅巨大。

6　Economic Impact Reports, https://wttc.org/research/economic-impact

國際遊客人數與日俱增，酒店、零售、餐館、旅行和消費服務的需求也相應增加。此外，旅遊通常是人們認識新地方的第一步，他們必須看見和「感受」一個地方，才願意在這個地方投資或建立更緊密聯繫。再者，研究亦發現，旅遊業的經濟影響不容低估，乘搭飛機抵達的遊客，消費額會比乘搭其他交通工具的遊客多。

舉例來說，泰國國際航空公司是發展泰國旅遊業的重要一員。2007 年訪泰國際旅客人次達 1,313,677，航空入境人次達 1,117,416（陸路人次為 168,989，海路佔 27,272）。2018 年，到訪泰國的國際遊客總數達到 3,800 萬，其中超過 3,000 萬人乘坐飛機。換句話說，近八成的遊客搭飛機來泰國。[7] 我們相信航空旅客大多會從曼谷進入泰國，而少量旅客會從布吉、梭桃邑（Sattahip）、合艾（Hat Yai）或清邁的機場直接入境。泰國的國家航空公司為泰國全境，尤其是首都曼谷，帶來可觀的旅遊收入。

每位遊客都會消費，支持餐飲和酒店等其他行業，為旅遊業、貿易行業、零售業、娛樂業和陸路交通等相關行業創造就業和收益。如果考慮到旅遊業對旅客和貨運的影響，經濟的乘數效應則非常龐大。

7　*Government of Thailand Immigration Bureau.* 2018.

我們也知道，有些城市甚至會用些甜頭（甚至有些還用資助）來吸引外來航空公司，藉此帶動旅遊和提升知名度。

貿易

眾所周知，空運價值較高的產品能有效控制成本。規劃和營運良好的物流業可降低存貨成本，減少資金流轉耽誤，善用資源，並減少貨物因毀壞和失竊而造成的損失。[8]

儘管大量貨物仍然通過公路和鐵路來運輸，但航空貨運佔區際出口的價值已達 40%。[9]

如果產業通過分佈式製造（Distributed Manufacturing）進行生產，那麼航空貨運更是不可或缺。物流業讓貨品能夠在世界各地進行生產和裝配，讓消費者更易買得起這些產品。例如意大利設計的牛仔褲，會在上海附近進行剪裁，商標來自廣東東莞，拉鏈由日本生產，而

8　See John Bowen. *The Economic Geography of Air Transportation: Space, Time, and the Freedom of the Sky*. London: Routledge. 2010.

9　Air Transport Action Group. 2014.

64　偉大城市 Great Cities

牛仔布就由另一個國家提供，然後或經香港或台北運到美國。這些活動不僅增進世界貿易，創造更多就業，還提高了經濟效率。雖然這種概念可能早在航空貨運流行之前已經存在，但是利用空運高價值貨物的效率非常高，能夠適時管控庫存，降低庫存成本，並且更迅速回應市場需求。

特快專遞直到幾十年前才成為一個重要行業。如今DHL、聯邦快遞等都已是家喻戶曉的名字。快遞和貨運改變的不單止是貨運代理業，還有某些地區的郵政部門。有的郵政部門已經採納這套做法，有的就會和快遞公司合作，荷蘭和德國的郵政部門就是好的例子。雖然美國的主要快遞公司都有大型航機隊伍，但它們一般都會在航點眾多和容易取得第三方航空公司服務的城市設置基地。

有些城市因為成為了空運集散地而獲益匪淺，阿姆斯特丹就是一個典型例子。阿姆斯特丹本地種植的鮮花甚少，但它憑藉卓越的物流、設施和航線網絡，成為世界上最大的花卉配送中心。鮮花、海鮮和新鮮農產品等容易變質的產品顯然非常適合空運。許多地方應該可以利用同一概念。

航空貨運對民生的直接重要性遠遠大於金融、經濟和政治。現今航空貨運也是維持和改善世界不少地區生活質素的關鍵。我們早已對空運而來的鮮花、新鮮水果、蔬菜、食品等貨品習以為常。

舉一個極端的例子,在太平洋和加勒比海的偏遠島嶼上,幾乎所有食材(鮮魚除外)都必須進口,空運送上林林總總的新鮮農產品。換句話說,空運已經是許多國家人民的生活裏不可或缺的部分,它不但是一種服務,更是生活的基礎。

航空旅客未必會直接運送產品,但也會在貿易模式中發揮作用。他們透過面對面的溝通,與客戶建立信任關係,促進商貿往來。雖然溝通可以透過電話和視像對話來完成,但是如要建立互信,還是需要面對面溝通。2005 年,牛津經濟預測為航空運輸行動小組(Air Transport Action Group)[10] 在智利、中國、捷克、法國和美國進行了一項調查,發現「超過 65% 的企業認為航空客運對於服務或接待客戶來說是必不可少或非常

10　一間獨立的航空業組織,創會成員包括飛機製造商波音和空中巴士、飛機引擎製造商 CFM 和勞斯萊斯,以及由航空公司組成的國際航空運輸協會。

重要。中國公司最為依賴航空客運服務來招待客戶,近90%的中國企業認為航空客運服務是必不可少或非常重要。」[11]

近年來,航空貨運的重要性有了新的元素,就是跨境電商的發展,大大推動了對航空貨運的需求和運作。

公司的生產力和投資選擇

航空運輸的速度、連接性和先進技術可提升本地企業的生產力和吸引力。經濟學家約翰・哥羅烏度(John Gorlorwulu)分析了美國 295 個都會區的機場活動和區域經濟數據,發現機場活動水平(以旅客登機量計算)與地區勞動生產力(以每份工作的平均工資衡量)息息相關。[12]

快遞物流業印證了這套理論。DHL、美國聯邦快遞、美國聯合包裹等全球領先的快遞和物流公司,都在

---

11 Air Transport Action Group. *The Economic and Social Benefit of Air Transport*. 2005.

12 Gorlowulu, D. John, *Airport Activity and Labour Productivity in United States Metropolitan Regions*. PhD dissertation. Cornell University. 2002.

大型國際機場建立區域物流中心。機場和物流樞紐附近也發展出不少產業集羣。將來中國的機場也肯定會看到同類的發展，包括中國的物流和快遞公司。

鄰近機場的著名集羣包括英國 M4 走廊、美國矽谷和蘇格蘭矽谷也順時而興。這些集羣吸引汽車零件、醫療設備、生物製藥，以及航空航天研究和開發等公司。物流和快遞公司為這些公司提供迅速、可靠、按需、全球集成的運輸服務，運送過程完全可追蹤。這些公司憑藉快速和廣泛的聯繫，能夠在銷售、物流和庫存管理、生產效率和客戶支援等各方面提高競爭力。此外，這種方式可提高商業營運的速度，讓集羣內技術、製造和營銷產生協同效應，帶動生產力的發展。

航空公司、貨運代理、集成商、倉儲和分銷公司、貨運站運營商和機場管理當局，會與製造商和其他需要高速、「限時」空運服務的企業攜手合作，背後的邏輯不容忽視：飛機製造商本身也會按趨勢，通過特殊的空運形式加快生產速度，將新飛機的較大型部分從遙遠的工廠運送到組裝點。歐洲的空中巴士公司首先採用這種做法，近年波音公司也跟隨，每當他們決定生產新客機時，都會儘量利用空運來運送大型組件，不會只依靠

鐵路或海運。快速交付能帶來可觀利潤，設計和建造特殊貨機所增加的成本便顯得微不足道。以波音公司為例，公司改裝 B747-400 型客機作「夢想運輸者」（用於運輸波音 787 夢幻客機的各部分），把波音在全球供應商生產的巨型機身組件和飛機機翼運到西雅圖和南加州的組裝點，以往經陸路和海路運送部件需時 30 天，現在大幅縮短至只需 1 天。空中巴士公司有一架大白鯨（Beluga）運輸機，專門負責執行運輸任務。

運輸的聯繫有助擴充公司經營區域，所以跨國公司進行市場評估時，都會考慮規模經濟及航運來降低成本，並專注於優勢領域。有了空運，公司能以更經濟高效的方法獲取資源和投入。

許多調查在衡量航空運輸服務對地區的影響時，都會從吸引和支援經濟活動的方法入手。不少跨國公司傾向在國際運輸連接廣泛的城市落戶。前文提到航空運輸行動小組在 2005 年的調查和國際航空運輸協會的研究，兩者均表明航空網絡對公司的生產力和投資產生益處（詳見表 3-1）。長遠而言，增加連接性便可促進經濟增長，就算是發達國家，情況也一樣。

表 3-1　航空公司網絡的益處

增加銷售	近 85% 的公司表示，航空服務對其銷售十分重要，約 60% 的公司表示航空服務必不可少或非常重要。
提高效率	超過 80% 的公司表示，航空服務對於提高其生產效率非常重要，超過 65% 的中國和美國公司表示航空服務必不可少或者至少非常重要。
影響投資	近 20% 的公司表示，過去因為缺乏良好的航空連線而影響了投資決策。
刺激創新	30% 的企業表示，如果公司能服務一個更大的市場，就能大大激發創新能力；70% 的企業表示會有一定程度影響。
長期影響	在 2001 年至 2004 年期間，歐盟 10 個成員國之間連接度增加 25%，產生的經濟增長估計會令這些國家的長期國內生產總值增加 2.75%。

資料來源：國際航空運輸協會經濟簡報（第 3 號）和航空運輸行動小組，2005 年。[13]

會議、獎勵旅遊、大型國際會議和展覽業

在選擇會議或展覽場地的時候，時間和便利性是關鍵因素。參展商和參觀人士都會考慮自身需求，並以最具成本效益的方法尋求更大商機。發展會展場所的困難在於參展商的分佈不集中、高科技和高價值物品的

13　Air Transport Action Group. *The Economic and Social Benefit of Air Transport.* 2005.

運送，以及時間限制等障礙。廣泛的連接度和高速的航空運輸成為這些問題的理想解決方案。

會展業融合創新思想、多元化網絡和潛在業務拓展可能，為城市增添活力和生機。舉辦高水平的展覽和會議能有效宣傳城市。德國法蘭克福憑藉航空樞紐的優勢，成為一個以舉辦會議和展覽而聞名的大都市。法蘭克福每年舉辦超過 30 個大型展覽，當中有些是業內規模最大的展覽，例如汽車展、世界最大的書展 —— 法蘭克福書展，以及國際消費品及禮品展。

香港貿易發展局在香港舉辦眾多展覽和交易會，並以舉辦一些業內最受歡迎的世界級活動而聞名，通過舉辦一系列製造業及服務業拓展活動，包括全亞洲以至全球最大型的同類展覽及會議，聯繫港商及環球企業，以開拓新商機，為香港帶來顯著的益處。

將來出行愈來愈方便時，不單是展貿會和交易會，其他的活動，從演唱會、大型飲食活動到節慶活動，都會吸引外地人士前來參與，從波士頓飛往紐約、或從吉隆坡飛往新加坡享受娛樂消閒，已經是頗為尋常的事。

我們更可以從中推論，這些大城市已經成為世界的

匯合點，不同地方的人為種種原因聚首一地。這些大城市實在是「全球化」一個重要促成者，這完全是因為交通便捷才可以發生的。

就業

航空運輸業能通過各種渠道創造就業。航空公司屬服務行業，自然需要僱用大量員工服務客人，處理運作。表 3-2 列出幾家航空公司的就業數據。

每間公司都有自己的市場定位，業務規模各異，子公司數量不同，因此員工數目不同，難以直接比較。例

表 3-2　航空公司員工總數

航空公司	全球員工人數	
國泰航空	27,285（2008 年 8 月）	34,200（2019 年 12 月）
新加坡航空集團	30,088（2007-2008 年平均數）	26,534（2018-2019 年平
漢莎集團	100,779（2007 年平均數）	137,784（2019 年平均數
英國航空	42,377（2008 年 3 月）	38,230（2019 年 3 月）
美國聯合航空	55,221（2007 年 12 月）	96,000（2019 年 12 月）
日本航空	48,880（2008 年 12 月）	34,003（2019 年 12 月）
中國國際航空	23,000（2007 年 12 月）	46,862（2019 年 12 月）

如漢莎集團是德國、奧地利、瑞士和比利時一股巨大的經濟力量，集團不只有一間航空公司。國泰航空和新加坡航空在地勤、貨運處理、航空餐飲、工程和附屬航空公司中也有經濟利益。國泰航空的數字中包括了港龍（後易名國泰港龍，2020 年結業）；新加坡航空旗下有勝安航空，還有投資其他航空公司。以前航空公司都會持有相關行業的公司大量股份，投資業務遍及酒店、旅遊代理和汽車租賃，但這套營商理念未必穩健。然而航空業都是「對人」的生意，公司員工須和乘客保持聯繫，即使機場的登機手續和行李託運工序已大幅自動化，但是客戶關係和服務仍須依靠人與人之間的接觸。

然而，航空業的「光環」效應不限於直接參與的公司，2009 年 9 月，國泰航空及其直屬子公司在全球各地聘用了 26,726 名員工，當中 19,996 人在香港工作。如果每名僱員都來自一個四人家庭，那麼香港便有約八萬人與這間本地公司有聯繫。

這個數字未包括相關行業的員工，例如入境處和海關人員、警員和消防員、機場管理和支援人員、安全人員、空中交通管制員、機場停機坪工作人員和貨物裝卸員、餐飲供應商、工程和維修供應商、機場零售商、

餐館和娛樂場所經營者、旅行社、貨運代理商、地勤代理、旅遊和運輸服務提供商、旅遊出版物／資訊提供者、旅遊景點管理員、酒店業人士、會展業人員，以及其他與旅遊相關的人員，例子不勝枚舉。當然，這個數字也沒有包括為了建設和維修機場、酒店、公路，以及傳播媒體等行業間接僱用的人員。

更重要的是，如果航空業取得成功，那麼其他行業也可以在航空業的基礎上蓬勃發展，繼而創造更多直接和間接的就業機會，可見航空業在全球創造了大量職位。表 3-3 列出了航空對其他行業影響的一組數據，數據未必絕對精確，但也能反映航空業是直接和間接的重要僱主。

表 3-3　2004 年航空業對區域僱用的影響（百萬計）

	亞太區	歐洲	拉丁美洲	中美	
直接／間接／引發的就業職位（Direct/Indirect/Induced）	3.1	4.1	0.6	0.5	
催生的職位（Catalytic）	6.6	3.4	1.6	0.5	
總和	9.8	7.5	2.2	1.0	

資料來源：OEF, 2005.

2004 年，歐盟航空業的就業人數約為 750 萬，而同年歐盟勞動力約為 1.43 億。根據 Campbell-Hill 航空集團在 2006 年的研究，美國的商業航空（包括直接、間接和誘導影響）的產出達 1.2 萬億美元，創造了 1,140 萬個就業機會，佔國內生產總值的 5.8%，佔全國就業的 8.8%。

幾十年來航空業不斷發展，促進就業持續增長。美國航空業的就業人數，從 1945 年的約 10 萬人增加到 2005 年的約 155 萬人，2018 年增加到約 170 萬人，幾十年間增長了十多倍。

航空公司的所在地，不單創造許多勞動及服務工作，還產生不少高技術工作和高科技服務職位。如果仔細研究航空公司總部的職能，就會發現航空公司圍繞本業創造了大量增值工作，為所在地的勞動人口貢獻專業知識和工作經驗。航空公司還會培訓工程、資訊技術、金融、物流等領域的專業人員。

世界經濟論壇指出，生產力水平是評估地區競爭力的關鍵指標。平均每名員工所貢獻的國民生產總值一般會用作衡量生產力水平。航空運輸行動小組表示，航空運輸業每年的人均國民生產總值為 65,000 美元，「約

為全世界經濟平均水平的 3.5 倍，超過絕大部分其他經濟領域」。[14] 儘管背後的原因可能是航空運輸業屬於資本高度密集的行業，但航空公司的管理人員、飛機師、工程師、資訊技術和服務人員、財務和支援人員等員工，通常都業務熟練而且掌握高層次技能。

航空運輸業曾進行不少研究及開發工作，內容從技術領域、運籌學到營銷不等。圖 3-2 顯示航空業的生產力遠高於其他行業，而且航空業龐大的生產力還可以提升其他行業的生產力。

圖 3-2　按行業計工作人員人均國內生產總值（2004 年）

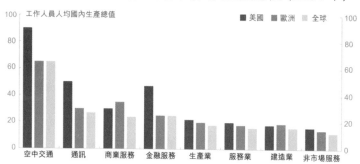

資料來源：OEF, 2004.

14　Air Transport Action Group. The Economic & Social Benefits of Air Transport, 2005, p.9.

政府的直接收入

航空交通除了向政府繳稅外，還會向用戶收取費用，並支付機場基礎設施的成本和其他費用。這些費用為機場管理部門提供充足的盈餘，以便進行機場升級和籌劃擴建，節省不少公帑。2006 年，全球機場一共收取了 420 億美元的費用。

現有的數據還顯示，航空運輸支付的費用不僅包括航空的成本，而且還能對公共財政作出直接的貢獻。例如，德國在 2005 年的一項研究表明，航空收費創造了每 1,000 公里約 13 美元的淨盈餘，而鐵路卻有資金缺口，需要從公帑收取每 1,000 公里 66 美元的補貼。陸路和海路運輸業一般毋須支付基礎設施成本，公路、鐵路軌道和大多數的港口設施都是由公共資金付費興建。

消費者的益處

雖然到目前為止，我們討論過航空運輸的經濟影響，但航空運輸也改善了人的生活質素。例如航空交通可讓人們能到達遙遠的地方，讓人們享受更多元化的產品。

但是，樞紐機場城市的居民比其他人更易享受長途旅行。長途旅行有助拓闊視野，頻密的國際航班方便人們前往外地享受自然風光，體驗別處的風土人情，欣賞不同的價值和文化。住在樞紐城市內和附近的居民，都可以隨時到外地公幹和休閒旅行，毋須先從偏遠的住處前往交通樞紐，省去不少時間。

　　隨着發展中國家航空交通的發展，人們可以比以往享受更多元化的產品。例如，居於中國東北的人，現在能以更低的價錢購買以往珍稀而昂貴的東南亞新鮮水果。隨着航空交通市場的拓展，運輸貨物的單位成本也因運輸量增加而下降，從而可以運送各種來自不同地區的貨品。

個案研究：航空與本地經濟

以上討論了航空交通對於本地經濟的貢獻，以下我們會探討航空交通如何支持全球各地的本地經濟。

倫敦（希思羅機場）

倫敦是歐洲一個偉大城市，因此需要航空交通的便利。要繁榮發展，航空必不可少。英國政府認為：「我們的經濟依賴航空交通。許多企業……依賴航空交通……航空旅客對英國的旅遊業十分重要……我們出口商品總值的三分之一都是通過航空運輸。航空業僱用人數超過 20 萬，也額外產生三倍的間接職位。」[15]

倫敦希思羅機場由英國機場管理局管轄，目前是世上其中一個最繁忙的機場，但是它多年來飽受空中交通擠塞困擾。牛津經濟預測曾深入分析機場對倫敦經濟的影響。牛津經濟預測的一份報告建議以混合模式使用希思羅機場現有的兩條跑道（即同時用於往返，而非只用一條跑道出發，在另一條跑道上到達），GDP 可以

---

15 Rt. Hon. Alistair Darling MP, The Future of Air Transport: White Paper and the Civil Aviation Bill, Department of Transport, December 2003.

在 2015 年前每年增加 25 億英鎊。按 2006 年的價格計算，到了 2030 年，額外收益的淨現值高達 350 億英鎊。而根據牛津經濟預測的數據，到 2030 年，建設第三條跑道將帶來每年價值 70 億英鎊的經濟效益。

如果能實施白皮書中關於跑道的所有建議，到 2030 年，收益將上升至每年 130 億英鎊，但是如果旅客承載量維持不變，到了 2030 年，航空公司和乘客會因為擁塞加劇而損失 200 億英鎊。相比之下，牛津經濟預測認為，額外飛行將產生更多溫室氣體，但成本僅為每年 7 億英鎊。數據顯示，英國航空業的二氧化碳排放量僅佔世界所有來源的總排放量的 0.2%。除了金融業外，旅遊業和運輸業對倫敦的經濟也非常重要。如果問題得不到妥善解決，旅客將轉往法蘭克福和阿姆斯特丹等歐洲樞紐城市作為接駁中轉站。航空業內激烈競爭，而樞紐之間的競爭相當關鍵。正確的施政可以讓航空業繼續提升城市的競爭力。

法蘭克福（法蘭克福國際機場）

法蘭克福的三大支柱分別是金融、貿易事務和交通。許多人認同，法蘭克福作為商業重鎮，其中一大吸引力在於它是歐洲最重要的交通樞紐。它通過航空、

鐵路和公路，將世界其他地區與歐洲連接起來，因此法蘭克福是公認通往歐洲的一大門戶。

按客運量和貨運量來計算，法蘭克福機場也是世界上其中一個最繁忙的國際機場。由於機場吞吐量已達上限，當局為解決這個問題，作出了明智的決策：在 2011 年動工興建第四條跑道。機場就像城市一樣發展起來，提供各種娛樂和商業服務。機場佔地 2,000 萬平方米，提供一系列貼心的服務：辦公室租賃、眾多會議設施、擁有超過 200 間店舖的購物商場、酒吧、餐館，以至是保險公司到貨運設施等 500 多家企業。機場周邊區域有 100 多家物流公司，將德國製造的產品運到世界各地，同時把世界各地的產品運到德國。這有助提升德國國際貿易的競爭優勢。德國是其中一個機械設備出口大國，2008 年時，德國佔全球市場份額的 19%。[16]德國能做到及時交付、轉運，很大程度上有賴法蘭克福的航空交通。

法蘭克福機場的航空貨運量和乘客人次多年來節節上升：

---

16 Observatory of Economic Complexity. *Construction Machinery Trade 2019.*

表 3-4

年份	飛機升降次數	乘客人次	航空貨運量（公噸）
2004	477,475	51,106,647	1,750,996
2005	490,147	52,230,323	1,892,100
2006	489,406	52,821,778	2,057,175
2018	512,115	69,510,269	2,213,887
2019	513,912	70,560,987	2,041,775

2006 年的峯值水平：
* 最繁忙月份：7 月（5,085,258 人次）
* 最繁忙的一天：9 月 29 日（181,794 人次）
機場作為交通樞紐：
* 中轉乘客：約 53%
客機運載比例：41.1%。
全貨機運載比例：58.9%。
資料來源：Frankfurt Airport City Website.

法蘭克福機場每天平均飛機起降次數為 1,341 架次（略高於希思羅機場在 2008 年的 1,290 架次，這兩個機場都限制夜間航班數量）。2006 年 9 月 15 日創下了新紀錄，錄得 1,470 次升降。

2007 年，法蘭克福機場僱用大約 70,000 人，成為德國最大的就業場所，規模更是大於禾夫斯堡龐大的大眾汽車工廠。單單是德國漢莎航空公司便已聘請 35,000 人。機場本身（以及法蘭克福機場服務公司的子公司）

僱用了 18,000 人，其餘 17,000 人受僱於機場的 500 多家公司。[17]

2017 年，法蘭克福機場僱用了 81,000 名員工，其中僅漢莎航空便聘請了 38,000 人；機場本身則僱用了 22,000 人。

2000 年，奈耶諾德大學（Nijenrode University）屬下的荷蘭奈耶諾德經濟研究論壇進行了一項針對 205 個歐洲地區的研究。結果發現，一個不斷擴充的機場在提升毗鄰地區就業和生產力上發揮了重要作用。研究指出，每位乘客能為該地區貢獻 450 歐元。擴建後的法蘭克福機場日後或會成為經濟催化劑，創造 10 萬個新職位。

中國香港（香港國際機場）

19 世紀的香港還只是個小漁港，如今已是耳熟能詳的國際金融和貿易中心。香港的經濟很大程度上依賴服務業（見圖 3-3 和圖 3-4）。根據香港金融管理局的預

---

17 德國經常說世界第一間航空公司是 1909 年在法蘭克福創立的「德國飛艇旅行公司」（Deutsche Luftschiffahrts-Aktiengesellschaft；DELAG）。

圖 3-3　各行業服務出口佔香港本地生產總值份額

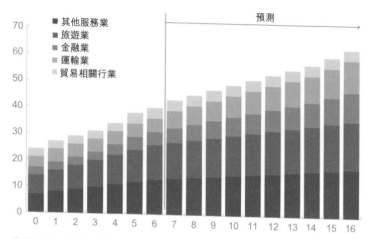

資料來源：政府統計處、金融管理局，2007 年。

圖 3-4　各項服務業的淨服務出口

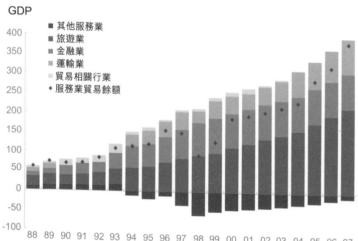

資料來源：金融管理局，2007 年。

測，服務業的重要性會在未來幾年持續增加。從以下圖表可以看出，交通運輸和相關產業（旅遊和貿易）在香港服務的出口和產出中佔比很大。

表 3-5 顯示香港航空業的主要統計數據，自 1990 年以來，航空業在規模、就業和經濟附加值方面都有所增加。由於每年對機場的投資不同，加上航空公司會購買新飛機，或把老舊資產退役、更換，所以固定資產投資會有所波動。

表 3-5　香港航空業的關鍵統計數據

年份	機構單位數量	就業人數	增加價值（百萬元）
1990	545	20,534	11,639
1995	697	29,881	21,499
2000	834	32,919	29,505
2001	823	34,044	27,650
2002	857	35,325	32,627
2003	777	34,533	29,329
2004	869	36,444	35,505
2005	940	40,475	40,195
2006	1,081	42,504	39,093
2016	1,526	60,666	71,863
2017	1,523	51,537	73,847
2018	1,570	62,742	75,091

資料來源：政府統計處。

表 3-6 記錄了航空業對香港旅遊業的貢獻。2007 年共有 1,538 萬 5 千人次乘飛機抵港，每位旅客平均在港期間會消費港幣 5,122 元。旅遊總收入為 788.02 億港元（折合約 101.03 億美元）。乘飛機抵達的遊客的支出相當於 GDP 的 4.9%。

航空業對香港旅遊業有巨大貢獻。2007 年有 1 億 5385 萬人次乘坐飛機到香港，當年平均每人花費港幣 5,122 元，以當年政府公佈的數字算，乘搭飛機來港旅客的消費佔 GDP 的 4.9%。

表 3-6　2007 年航空對旅遊業的影響

乘飛機抵港旅客（人次）	15,385,000
人均消費 #	5,122 港元
乘飛機來港旅客估計總消費	約 788 億 200 萬港元

\# 只包括過夜旅客
資料來源：香港政府數據。

貿易和物流對香港經濟的貢獻良多，份額而且不斷增長。1996 年，貿易和物流合計佔本地生產總值 22.7%；2000 年至 2006 年每年平均達到 26.4%；超過 20% 的本地生產總值來自進出口貿易。高價值易碎品非常依賴空運；按價值計算，約 35% 的貨物通過空運出口（見表 3-7）。2018 年，貿易和物流加起來佔本地

表 3-7　航空對貿易的影響

運輸方式	2012		2017	
	十億元	百分比 (1)	十億元	百分比 (1)
整體貿易	7,346.5	100.0	8,232.9	100.0
空運	2,662.5	36.2	3,439.9	41.8
陸運	2,801.9	38.1	3,220.6	39.1
海運	1,585.3	21.6	1,309.1	15.9
河運	221.5	3.0	182.4	2.2
其他	75.2	1.0	80.9	1.0
整體出口	3,434.3	100.0	3,875,9	100.0
空運	1,153.8	33.6	1,492.6	38.5
陸運	1,344.6	39.2	1,621.2	41.8
海運	784.6	22.8	633.0	16.3
河運	129.2	3.8	105.6	2.7
其他	22.2	0.6	23.4	0.6
進口	3,912.2	100.0	4,357.0	100.0
空運	1,508.8	38.6	1,947.3	44.7
陸運	1,457.3	37.3	1.599.4	36.7
海運	800.8	20.5	676.1	15.5
河運	92.4	2.4	76.7	1.8
其他	52.9	1.4	57.5	1.3

表 3-7　（續）

運輸方式	2021		2022	
	十億元	百分比 (1)	十億元	百分比 (1)
整體貿易	10,268.4	100.0	9,459.1	100.0
空運	4,338.3	42.2	4,562.4	48.2
陸運	4,521.7	44.0	3,305.0	34.9
海運	1,170.1	11.4	1,197.0	12.7
河運	203.0	2.0	357.1	3.8
其他	35.3	0.3	37.6	0.4
整體出口	4,960.7	100.0	4,531.6	100.0
空運	1,760.3	35.5	1,871.0	41.3
陸運	2,470.8	49.8	1,917.6	42.3
海運	602.1	12.1	577.0	12.7
河運	123.2	2.5	162.2	3.6
其他	4.3	0.1	3.9	0.1
進口	5,307.8	100.0	4,927.5	100.0
空運	2,578.0	48.6	2,691.4	54.6
陸運	2,050.9	38.6	1,387.4	28.2
海運	568.0	10.7	620.0	12.6
河運	79.8	1.5	194.9	4.0
其他	31.0	0.6	33.8	0.7

資料來源：2023 年 3 月《香港統計月刊》〈表 1：按運輸方式分析的香港對外商品貿易〉。[18]

---

18 https://www.censtatd.gov.hk/en/data/stat_report/product/FA100015/att/B72303FA2023XXXXB0100.pdf

生產總值的 21.3%。香港國際機場成為世界上最繁忙的空運樞紐誠非偶然,因為各家公司都需要依賴空運把高價及易變質的貨物送到最終目的地。根據機場管理局的數字,2009 年赤鱲角機場貨物吞吐量為 330 萬噸,空運貿易貨值佔貿易總值 35.3%;[19] 到了 2019 年,赤鱲角機場處理了 480 萬噸貨物,[20] 為香港外貿總值貢獻 42%,計 35,500 億港元。

此外,航空對旅行代理業有巨大的直接影響。旅行代理業在 1996 年 2006 年間平均佔香港本地生產總值 0.3%(見表 3-8),也是本港主要的僱主。

表 3-8　旅行代理業對本地生產總值的影響

	1996	2000	2004	2005	2006
增值(百萬港元)	3,300	3,200	3,200	4,000	4,300
佔本地生產總值比例	0.3%	0.3%	0.3%	0.3%	0.3%

* 按當時市價計算
資料來源:政府統計處,2008 年。

19　https://www.hkeconomy.gov.hk/tc/pdf/er_c_09q4.pdf
20　https://www.hongkongairport.com/tc/media-centre/news-stories-updates/Cargo

根據香港中文大學的一項研究，航空業佔香港本地生產總值的 8%。這次研究於 2007 年進行，旨在評估香港國際機場是否需要興建第三條跑道。研究所得的數據相當有趣：[21]

- 增加一班航班可為香港產生至少值 45 萬港元的經濟效益。
- 全面投入使用的第三條跑道每年可為香港經濟貢獻 560 億港元。
- 額外航班產生的污染經濟成本僅為 4 億港元。

該研究還認為，第三條跑道的興建已經比原先計劃遲了大概 3 至 6 年，從初步規劃和設計、公眾諮詢、施工到完工，需時長約 12 年。根據香港中文大學的研究，香港機場管理局估計機場將在 2019 年至 2020 年達到容量頂峰，每年航空運輸量增長率為 3%。中大團隊認為 5% 至 7% 的增長率更為現實，即機場會在 2014 年至 2015 年，甚至會在 2011 年至 2012 年出現瓶頸。研究的作者補充說：「我們建議必須立刻開展有關興建第三條跑道的研究及施工規劃。」

---

21 中大研究香港國際機場第三條跑道如何提高香港航空業地位
https://www.cuhk.edu.hk/cpr/pressrelease/071220c.htm

官方數據顯示，香港機場管理局和民航處在 2009年將香港的飛機升降能力提升 21,000 架次，升幅略高於 7%。[22]2007 年 7 月，英國國家航空交通服務局發表一項諮詢研究，建議多種方法改善香港機場跑道和周遭空域的使用。

香港機場管理局於 2008 年 8 月表示，預測 2025 年飛機升降量將達到每年 49 萬架次，高於 2008 年的每年「約 30 萬架次」。年均增長率約為 3.2%。中大提出的增幅較高，但似乎更有可能發生。香港和深圳機場之間的鐵路連接和港珠澳大橋均可吸引更多轉機旅客從香港機場往返華南地區。

---

22 政府當局就香港空域及跑道航機升降容量顧問研究提供的文件 [CB(1)1030/07-08(05)] (2008 年 3 月 17 日)，https://www.legco.gov.hk/yr07-08/chinese/panels/es/papers/edev0317cb1-1030-5-c.pdf

第四章

本地航空公司在樞紐中
的角色

所有世界領先的航空中心都有一個不可或缺的共通
點：它們都擁有強大的本地航空公司。

例証不僅有香港的國泰航空，還有倫敦的英國航
空、法蘭克福的漢莎航空、新加坡的新加坡航空，以及
迪拜的阿聯酋航空。

擁有一家強大本地航空公司的優勢可謂顯然易見：
航空公司會積極把所在地發展成旅遊、服務和商業中
心。這種做法符合其自身利益，因為航空公司希望人們
會前往公司的所在地，從而增加航空公司的潛在業務。
同樣，海外航空公司都只會忠於自己的基地，而不是別
的地方。

本地航空公司向來致力於擴展基地的聯繫網絡。換
言之，航空公司會不斷加強所屬城市的樞紐地位。在全
球化的時代，航空的聯繫能為樞紐城市創造巨大價值。
後文將進一步討論樞紐的發展。

本地航空公司與當地經濟

賺取外匯

正如前文所述，航空業在整體上對世界或區域的宏觀經濟具有重大影響，而本地航空公司則對所在地的經濟有莫大貢獻。

首先，本地航空公司通常是一個主要的外匯賺取者。舉一個簡單例子，馬來西亞航空（馬航）一班從法蘭克福飛到吉隆坡的航班，實際上是把一些空位從馬來西亞「出口」到德國。假如馬航在德國把一張機票賣給一位想飛往或經過馬來西亞的德國乘客，那麼這張機票便賺取了歐元。這是一種純粹的出口功能，馬航實際上賺取外匯（即歐元）。

但如果阿聯酋航空能說服同一名乘客使用該公司的服務，那麼歐元就會流向阿聯酋航空及迪拜，而馬航就一無所有。

如果新加坡航空能夠說服這位乘客經新加坡前往馬來西亞，並售出一張從德國經新加坡飛往吉隆坡的機票，那麼新加坡航空便能賺取這筆歐元。

以上每個情景都會犧牲他人的利益，因此他人的利益是機會成本。實際上，假設市場完全固定，並只會提供限定數量的航班，那麼每家航空公司都必會試圖與其他航空公司爭搶乘客，變成一場零和遊戲。當然，事實上並非如此，因為航班增減、特價機票促銷、需求變化等因素都影響潛在市場的規模。在缺乏增長的市場中，航空公司每爭取到一位乘客，就等於其他航空公司全都失去了一位乘客，甚至即使市場仍有增長，航空公司會搶奪那些可賺取更多利潤的客流。這是一直以來的現實。

許多國家極為重視航空公司的「出口功能」及其賺取外匯的角色，尤其是國家的非本地乘客佔比較大時，情況則更為明顯。當然，新加坡和香港等小地方的航空公司，由於缺乏區域內網絡，故「出口」功能相對較強。相反，日本航空公司在 2006 年把日本的日本佳速航空公司併入其網絡中，於是日航的海外收入由約 70% 下降至約 50%。[1] 儘管如此，所得的外匯收入仍然十分可觀。

1　Japan Airlines website JAL.com press release, September 2006.

再舉一個簡單例子，2007 年，國泰航空總收入估計達 753.58 億港元，當中約 56% 來自香港和中國內地以外的地區，來自香港和中國內地的收入約佔 44%，即 329.06 億港元。[2] 如果將中國內地的收入單獨計算，並將之加進非香港收入的總和，那麼香港以外地區收入比例將會更高，甚至與新加坡航空海外收入佔總收入的比例一致，大約高達 75%。對於香港和新加坡這樣面積小的地方來說相當可觀。[3]

因此，幾乎所有（無論自由度高低）貿易協議都會把航空業務排除在外。獨立和特別看待航空協議，做法一點也不奇怪，因為各國政府都充分了解航空業賺取外匯功能的價值，所以會竭力保護航空業。正如前文所述，航空業向來受政治因素左右。例如，香港特別行政區政府致力於逐步開放航空協議，但所有舉措都必須維護香港整體利益，絕不可以拱手相讓。對等和公平交換是雙邊航空服務協議談判的關鍵所在。

2　Cathay Pacific Airways, Annual Report 2007, p.55, https://www.cathaypacific.com/content/dam/cx/about-us/investor-relations/interim-annual-reports/en/2007_annual-report_en.pdf

3　斯里蘭卡同年的總出口值只是 6 億 8,300 萬美元（折合約為 53 億 3,000 萬港元）。

就業

上一章談到，航空公司一般會創造大量就業機會，而位於主要樞紐的本地航空公司在比例上都會多僱用本地僱員，創造直接就業。龐大的員工隊伍不僅承擔核心業務，而且還負責各種支援業務，包括餐飲、地勤和停機坪服務，資訊技術、貨物倉庫和物流，以至飛機維修等。

例如，截至 2009 年 9 月，國泰航空及其子公司在香港直接僱用了約兩萬名員工。2007 年，新加坡航空在新加坡直接僱用了 11,613 名員工，而全球僱員總數為 14,071 人。[4] 由於新加坡航空集團旗下還有勝安航空公司、新加坡航空機場服務集團和新航工程集團等子公司，所以整個集團在新加坡僱用的員工數目將更高。以上例子提及的都是指直接就業，而不是服務提供商向航空公司提供的間接就業，也不是上一章討論的關聯業務或行業的相關就業。即使航空公司外判工作，仍可透過外判公司間接創造就業。

---

4 Singapore Airlines, Annual Report 2007-08, https://www.singaporeair.com/saar5/pdf/Investor-Relations/Annual-Report/annualreport0708.pdf

再者，航空公司創造的就業機會大部分都會留在所在地。大家不妨參考以下數據和航空公司在海外僱用的人數：國泰航空雖然每年運載約 100 萬名乘客往返日本，[5] 每週有 100 多班定期單程航班，但是國泰在日本幾個城市的僱員加起來卻少於 360 人。當然，國泰航空選擇把多種工作外判予日本公司，而非在當地僱用更多員工。國泰航空在日本的員工數目與香港的龐大員工數目相差甚遠，因為國泰香港為基地，在就業上的經濟貢獻冠絕香港同業。

正如前文所述，新加坡航空（新航）僱用員工的模式與國泰航空大致相同。2007 年，新航在新加坡直接聘用 11,613 人，而在香港則只僱用了不足 100 人。對新航而言，香港只是一個外站而並非樞紐。其他參與香港航空市場的主要外國航空公司，也僱用相對較少的員工承擔香港的業務。特別例子只有少數幾家有機組或乘務人員駐紮香港的航空公司，香港的員工數目達幾百人。這些數字可能不準確，僅作參考，因為有些航空公司有自己的地勤人員，而其他公司則會把地勤工作外判給代理商或另一間航空公司，所以這些數據不宜直接比較。

5　截至 2008 年 2 月，每週約 101 班定期單程航班，並且有季節性包機和貨運航班。

同時，航空公司的工作具有相對較高的附加值。這些工作的技術含量高，例如飛機師和工程師、資訊技術和服務金融人員、管理人員以及其他擁有特定專業知識的人員。大多數的企業高層在總部工作，而重要的培訓工作也在總部進行。

世界品牌

本地航空公司的品牌會揚威國際，標示着所在地名稱的飛機翱翔天際，就是最直接的宣傳方法。營運良好的本地航空公司也能馳名海外。這是渡輪公司、巴士公司和地鐵等本地運輸公司無法比擬的。

國際航空公司肯定是國家和地區最受國際認可的一個品牌。航空公司事實上是本地品牌大使，所以理應向公眾推廣所在地的正面觀感。無論身處何方，詢問任何一個人，要求舉出五間著名的外國公司名稱，我們幾乎可以肯定答者會提到這些國家的航空公司。著名例子包括新西蘭的新西蘭航空、英國的英國航空、芬蘭的芬蘭航空、馬來西亞的馬來西亞航空、菲律賓的菲律賓航空、澳洲的澳洲航空、南非的南非航空、新加坡的新加坡航空、泰國的泰國國際航空等，例子不勝枚舉。相反，要人一下子數出五間新西蘭大品牌，可謂相

當困難，所以與各國眾多的大企業相比，人們更容易想到航空公司。

事實上，英國航空公司曾在 1997 年嘗試抹去飛機尾翼上的英國國旗圖案，這一事件清楚反映國家航空公司在本國的形象極具標誌性。前英國首相戴卓爾夫人並不贊成這種做法，她以招牌的口吻斬釘截鐵反對。她在保守黨會議時，面對着電視台的攝影機，從手袋中拿出一條手帕，蓋住飛機模型的尾部，然後宣佈：「我們要讓英國國旗在世界飄揚，不要這種糟糕的東西！」[6] 儘管時任英航行政總裁的羅伯特·艾林（Robert Ayling）仍堅持原議，但兩年後，英國航空僅在一半的飛機上採用新設計。[7] 到 2001 年，艾林的繼任人、國泰航空的前任總裁羅德·艾廷頓（Rod Eddington）博士才下令在英航所有飛機的尾翼上重新縣上英國國旗。[8] 許多人未必知道，艾廷頓其實是澳洲人，但他都認同英航必須有宣傳英國的功能。

人們會在新加坡舊的 20 新元和 100 新元紙幣上，

6　BBC 檔案。
7　http://findarticles.com/p/articles/mi_OZCK/is_24_9/ai_54876882.
8　Subtle changes at BA, BBC News, http://news.bbc.co.uk/1/hi/business/1331335.stm

留意到新加坡航空飛機的醒目形象，但新加坡並非唯一會把國家航空公司的照片印在法定貨幣上的國家。馬來西亞也在最常用的紅色 10 令吉紙幣上印上引人注目的馬航飛機圖像。

本地航空公司也會在世界各地的票務代理和廣告來加強人們對公司的認識。國泰航空大約有 10 萬個代理商在全球銷售機票。[9] 此外，人們還可以經互聯網直接聯絡航空公司。互聯網及手機應用程式已經大大改變旅遊代理業，將來的數碼發展也肯定會帶來更大衝擊。國泰航空在全球設立了超過 100 個銷售辦事處，數量超過了香港貿易發展局、香港旅遊發展局和香港經濟貿易辦事處的總和。新加坡航空公司和許多主要航空公司一樣，公司聲譽有助人們更深入認識公司的所在地。

自 1944 年以來，澳洲航空在廣告裏一直使用袋鼠商標，保留鮮明的澳洲風格，公司品牌獲譽為「澳洲精神」，啟發澳洲國民（即使不乘飛機）的自豪感和團結之情，引起一種接近身份認同感的情懷。不少電視節目也

9　Cathay Pacific-Home>About us>Press Room>Press Release Details>24 January 2003.

會加入本地航空公司的片段，有時更以一種民族主義的方式呈現出來，例如電視節目奏起新加坡國歌時，往往會播放新加坡航空的影像。

旅遊業

強大的本地航空公司有助擴展旅遊業，促進所在地旅遊業的發展符合航空公司的自身利益。如果前往航空公司基地城市旅客越多，那麼潛在客源就越多。為了追求市場份額，即使乘客最終目的地是另一地方，航空公司也會積極招攬乘客，盡力試圖讓乘客途經公司所在地。新加坡航空不會向香港旅客推銷到札幌旅行，因為該公司不設這條航線，但是新加坡航空會主動推廣新加坡，並宣傳可以經新加坡前往其他目的地。

同樣，泰國國際航空不會在香港向旅客推銷到加拿大旅行，因為該公司不提供從香港到加拿大的航線。然而，泰航可能會推廣到泰國旅遊，或經曼谷到達泰國以外的地方。如果泰航做得好，就能吸引更多旅客乘坐泰航航班前往泰國。乘客也可能會乘搭泰航經曼谷到達其他目的地。因為回報相當可觀，所以航空公司能提供相宜的價格，而且還可贈送吸引的產品（例如旅遊套票和促銷機票）。於是航空公司的推廣有時比旅行社的品

牌廣告來得有效，但無論乘客選擇哪家航空公司，本地旅遊局都會樂見其成。

某程度上，大多數國際航空公司都有採用這種「中心輻射式」（hub and spoke）的國際航線安排。這種做法可以把從不同出發地抵達樞紐的乘客整合起來，然後分配乘客到接駁航班，飛往最終的目的地。

點對點的直航航班不一定是最划算。再者，航空公司也不會有全部國際直航航線的航權。大型航空公司依靠樞紐來併合客貨量，提高營運效率，從而為股東帶來回報，為所屬國家賺取外匯，並創造其他收益。

有人認為，通過樞紐的中轉乘客不會為中轉國帶來附加增值，事實並非如此。乘客購買來回機票，已經創造了外匯收益，增加國家經濟的利益。乘客飛不止一程，首先是從出發地點飛往本國樞紐，另一程是從樞紐飛往最終目的地，接着還有回程。無論乘客會否在中轉站落機、會否在中轉站直接消費，本地航空公司已經賺取收益。如果乘客在住宿和／或餐飲上消費，那麼中轉站便有額外收益。推廣活動首先要說服乘客挑選喜歡的連接樞紐，讓他們在樞紐城市待一段時間，然後進行消費。再者，客人來到當地，旅遊局及業界要吸引入境

客人消費，想必更為容易。

本地航空公司除了提供推廣，有時還會與旅行社、酒店和其他伙伴合作。這些伙伴包括批發商、零售代理、旅行伙伴、信用卡、會展業（會議、獎勵旅遊、大型國際會議和展覽）的主辦機構和官方旅遊部門。如能擴大分發渠道，推廣的效果就會更明顯。

投資

正如前章提到，本地航空公司會在所在地進行大量投資。航空公司達到一定規模之後，不但要購買飛機和地面設備，還需要投資總部大樓、員工設施、貨運站、工程和維修設施、電腦系統、配餐設施、機場候機室、地勤配套以及模擬飛行訓練器、緊急情況和飛行訓練模型等設施。資訊科技在預算中佔很大的比重。公司甚至需要在安全措施上作大量投資。航空公司實在是一個大型投資者和大型企業，主要航空公司的年報通常都會顯示公司在基地作出的大量投資。

許多國家對民航都大力投入資源。2009 年 10 月，中國國家民航局李家祥局長接受中央電視台訪問時，曾提到投資民航的經濟回報通常以倍數計算，以北京首

都國際機場為例，每投入 1 億元，經濟回報可達 5 億多元，旅客增加能創造財富，還會創造就業。

所以，很多國家和地區的政府也會投資民航業，有些政府會投資整體航空業，而許多政府則直接投資航空公司。因此，一些小城市投入資源或直接鼓勵建立本地航空公司，實不足為奇。人們通常會舉人口較少的基地城市；汶萊、巴林，以至是塞舌爾偶爾也會被列舉為例。塞舌爾航空是塞舌爾的國家航空公司，經營一支小型機隊，包括幾架波音 767 客機。塞舌爾的人口只有約 10 萬，甚至少於新加坡一個小區的人口。

本地航空公司的社會責任

本地航空公司還有另一方面的貢獻。本地航空公司是重要的僱主和經濟支柱，理應與所在社區緊密聯繫。事實上，航空公司最重要的資產就是本地的航權。不少政府都會積極參與航空公司運作，而航空公司也樂於建立良好的企業和公民形象，積極爭取認可。

以下的故事能大概説明航空公司良好企業公民的做法和好處。2001 年，美國發生 9‧11 慘劇，世界上所有航空公司的生意大跌，國泰航空也未能倖免。因為當時中國內地居民來港「自由行」的措施尚未實施，所以香港遭到的衝擊尤為嚴重。國泰航空為了刺激經濟，在 2002 年初舉辦了「萬張機票贈全城」（英文名為 World's Biggest Welcome）的推廣活動，送出一萬套來回機票，邀請香港居民提名境外親友到訪香港。這項活動不僅是為了幫助人們擺脱 9‧11 的陰影，減少人們對出外旅遊的擔憂，還希望吸引更多遊客來到香港，振興旅遊業，並增提升旅客的訪港意欲。

根據計劃，香港居民需要在香港地鐵站內的攤位索取申請表，然後填寫自己和他們提名的海外收件人的姓名和聯絡方法。參加者可從中了解國泰航空網絡的航

線和目的地。國泰總共發出超過 500 萬份表格，最後約收回 150 萬份（當年互聯網及手機並未普及，香港人口亦不足 700 萬）。每人可以填寫的表格數量沒有上限，但是每人最多只能獲贈機票一次。活動完結後，主辦方在審計師監督下，從收到的表格中抽出 1 萬份。然後在香港禮賓府舉行盛大的頒獎典禮，並邀請了時任香港特別行政區行政長官董建華擔任主禮嘉賓。

這次奇思妙想背後都有仔細計算。推廣的時機正是 9‧11 之後的蕭條期，而且機票的有效期是夏天旅行旺季前 3 個月的淡季。從數學上分析，這 3 個月內送出 1 萬張來回機票作推廣活動，每月平均送出 3,300 張免費機票，平均每天送出 110 張來回機票。在 9‧11 事件發生之後，像國泰航空這種規模的航空公司，每天的空位不只以數千計，所以要提供座位，絕對不成問題。

再說，多載一個乘客的邊際成本非常低，不會有成本問題。

事實上，儘管所有得獎者都會感謝國泰航空，但並非所有得獎者都會使用免費機票。得獎者沒有支付任何金額，假如他們因事而要放棄免費獎品，他們不會有損失，所以使用機票的得獎者肯定沒有一萬人，而且真

正起行的得獎者極可能會邀請親友陪同來港，那就會為國泰帶來收入。

國泰的推廣計劃對香港產生多重效應——海外遊客為香港的酒店和餐館帶來大量生意。畢竟他們是受到香港友人的邀請，因此他們所產生的直接或間接支出，可能遠多於不認識任何香港人的個人旅客消費。整個旅遊貿易行業極力支持該計劃，也提供不少優惠作配合。

活動反應熱烈，惠及航空公司和社區。憑票來港以至未能來港的旅客均感到非常興奮。最終旅客人數很快便恢復到9‧11事件之前的水平，經濟繼續復甦。國泰航空受益匪淺，還鞏固了國泰作為良好企業的聲譽。

此外，活動增加了航空公司的收入，證明了人們很少獨自旅行。很多獲得免費機票的説人都會額外購買機票，和友人一道訪港。

2002年「萬張機票贈全城」活動最終有個大團圓結局，但是一年之後卻出現另一項重大挑戰：2003年爆發的嚴重急性呼吸系統綜合症（即「沙士」）給東亞造成巨大衝擊。這也反映人員流動是香港經濟的重要支

柱，一但航空和旅遊業急劇衰落，城市經濟便會萎靡不振。

「沙士」症狀與肺炎頗為相似，死亡率介乎 8% 至 15% 之間，首現於華南後，旋即重創香港，最終造成約 300 人死亡（全球總死亡人數約 900 人）。一直到 2003 年 6 月，香港才正式宣佈「沙士」在香港絕跡。[10] 當「沙士」侵襲香港和亞洲其他地區時，所有航空公司都削減在「沙士」爆發地區的服務，有些國家和地區禁止來自「沙士」爆發地區的人員入境。有些美國航空公司停止往返美國和香港之間的所有直飛航班，這樣做不但是出於入座率急劇減少的經濟考量，更是為了避免機組人員在香港停留。英航也採取同樣做法，只維持從倫敦經曼谷飛往香港的航線，而由倫敦飛往香港的航線則暫停運作。因為在曼谷−香港−曼谷之間穿梭的航線，可以在曼谷更換機組人員，毋須來港調更。後來，英航也作出調整，開始接送機組人員往返澳門過夜，儘量減少在香港逗留的時間。美國大陸航空公司完全停止了對香港的服務，持續長達幾個月。其他航空公司也暫時停止飛往亞洲爆發「沙士」疫情的地區，即大中華區（中國內地、台灣地區和香港特別行政區）、新加坡、馬來西亞

10　BBC 檔案。

和越南。國泰航空公司作為香港本地航空公司，仍然維持着航線網絡，繼續營運航班。雖然航班頻率大大降低，且處於虧損狀態，但至少可以維持香港和世界的部分聯繫，確保航空貨運不會完全中斷。國泰一度是唯一一間有直飛美國航班的航空公司。其他亞洲的航空公司在本國基地也採取類似做法，但當中有些做法其實沒有必要。

2003 年 5 月，香港逐漸在「沙士」疫情後復甦，國泰航空再度和本地旅遊機構、零售業、旅遊業和食品業緊密合作，發起備受矚目的「We Love HK（我們愛香港）」運動，鼓勵香港人回歸正常生活，通過消費支持香港。在香港，任何人只要在一般旅遊消費點（包括酒店、主題公園、飯店、餐館、非家居物品的零售店和旅遊勝地）消費滿港幣 1,000 元，就能享受國泰航空的特別折扣。國泰航空藉此售出許多空置機位，從中獲利甚豐。活動得到極大支持，為國泰航空樹立香港良好企業的公民形象，即使多年以後，我們仍然可以在很多的士和零售店裏看到「We Love HK」標語。

政府對本地航空公司的扶持

因為本地航空公司對所屬城市和國家相當重要，所以為了保護本地航空公司，很多國家和地區都會制定一系列的規則和限制。今天，已經很少有國家會以國家安全為由而賦予航空公司特殊的權利，但是有些國家依然會設法保護本地航空公司的經濟利益。

首先，許多國家仍然會對航空公司的擁有權設限。例如，中國內地仍會把航空公司的非本地擁有權限制為49%（在允許的49%中，同一公司／集團最多可持有25%）。中國三大航空公司都是上市國企，但多年來政府已逐漸放鬆對航空公司的限制。在美國，外國股東受到的限制更大。他們在美國的航空公司裏最多只能持有25%的投票權。[11]

在歐洲，如果非歐盟人士或實體持有航空公司49%以上的投票權，則該航空公司就不會再被視為歐盟公司。另舉一個東南亞的例子，在馬來西亞，馬來西亞航空公司的外資持股比例限制為45%（但任何單一外國實

---

11 US surprises EU with global airline ownership plan, http://www.eturbonews.com/2498/us-surprises-eu-global-airline-ownership-plan.

體只能擁有最多 20%)。[12] 然而，上述國家在內的不少國家和地區都一直在能源、電訊、港口、銀行、廣播甚至是媒體業等具有戰略意義的行業裏放寬擁有權限制。

許多國家仍有電訊壁壘。不少國家要求公司大部分股東都要是該國國民，藉此限制外國直接投資的範圍。航空業和電訊同被視為具有戰略意義的行業，因此某程度上不容許外國參與。相對而言，歐洲對此限制較少，澳洲、加拿大、中國、印度、馬來西亞、韓國和美國的做法不一。[13] 雖然地區差異頗大，但相比航空業，各地在銀行、廣播和媒體領域對外國股權的限制較為寬鬆。

政府一般會要求或「強烈鼓勵」官員和軍方人員執勤時使用本國航空公司。美國政府和軍事人員可經官方渠道取得優惠。除非別無他選，有些商業公司派員出差時也傾向光顧「祖家」的航空公司。這些做法都能惠及本地航空公司。在一些國家裏，政府人員的公務出差支出可能是本地航空公司的主要收益之一。

12　"Framing the Discussion on Regulatory Liberalization", Alex Cosmas, Peter Belobaba and William Swelbar (MIT, White Paper, 2008).

13　http://www.ictregulationtoolkit.org/en/PracticeNote.2551.html.

保護政策眾多，然而是否授予外地航空公司航權也是其中一項關鍵。相比起開放自己的市場予別國，各國更願意開拓別國市場，而有意進軍新市場的國家則更甚，美國鼓吹的「開放天空」理論就是一例。這些國家往往要求別國給予額外權利，以至是別國領空的航權，同時要設法維護本地航空公司在國內外市場的權利。另一項常用的策略，就是用國內航權來限制別國的航空公司，顯然是以利益來換取平衡。美國也擅長這種策略，不准外國的航空和船運公司擁有境內航權。由於官方規定，所以外國公司都無法與美國的航空公司在東、西岸航線上作直接競爭，達致對等的利益交換，結果有時會出現途經第三國的航線。所以，如果有一個客人坐了國泰從香港飛到三藩市，然後再要到芝加哥的話，他必需乘坐美國內陸航空公司從三藩市到芝加哥。

政府之間訂立的**雙邊**航空服務協議，其附件裏會列明航權（traffic rights）的內容；航權涵蓋航空運輸（見圖 4-1），受國際民用航空組織（ICAO；聯合國一間專責國際民用航空的機構）國際協議和認可定義管轄。航權包括：

第一空中自由權 本國航機可以不着陸，直接飛過協定國，前往其他國家的目的地（也稱為第一航權）。

第二空中自由權 如果距離太遠，本國航機便無法從起點直接飛到目的地，那麼航機可以在停靠點完成加油或者清潔客艙等工作，但不允許在當地上落客貨（也稱為第二航權）。

　　第三空中自由權 本國航機可以在協議國境內卸下乘客、郵件或貨物（也稱為第三航權）。

　　第四空中自由權 本國航機可以在協議國境內載運乘客，郵件或貨物返航（亦稱作第四航權）。第三、第四航權一般會同時出現。

　　第五空中自由權 本國航機可以先在第三國的地點作為中轉站上下客貨，再飛往目的地，第五航權涉及兩個或兩個以上的國家之間談判（亦稱為第五航權）。

　　國際民航組織將以下四種「自由（權）」前都注明為「所謂的」，因為只有前五種「自由（權）」得到國際條約正式承認。

　　第六空中自由權 容許一國航機分別以兩條航線，接載甲國和乙國乘客及貨物往返，必須途徑本國，但客

貨不在本國上落。所謂的第六航空自由權，與前五大自由權不同，沒有被納入任何國際認可的航空服務協定。

第七空中自由權 本國航機可以在境外接載乘客和貨物，而不用返回本國。即本國航機有權在甲、乙兩國間，接載乘客和運載貨物。

第八空中自由權 容許本國航機前往甲國境內的兩個不同地方接載乘客、貨物往返，但航機上的乘客或貨物需以本國為起點或終點。

第九空中自由權 本國航機可以到協議國作國內航線運營，無需以本國為起點或終點。[14]

許多地方也會為航空公司提供破產保護：政府有時會拯救失敗的航空公司，讓公司繼續經營下去，雖然做法不符合現代經濟學、公平競爭或完善市場理論，但是肯定顧及了本地航空公司在經濟、旅遊、就業、提升國家形象和創造外匯收入等考慮。

---

14 國際民用航空組織《國際航空運輸管理手冊》（ICAO, Doc 9626, 第四部分）https://www.icao.int/meetings/atconf6/documents/doc%209626_en.pdf

1　八種空中自由權

一航權： 領空飛越權

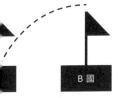

第五航權： 中間點權或延遠權

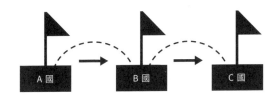

二航權： 技術經停權

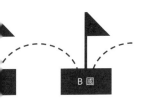

第六航權： 橋樑權

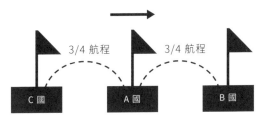

航權： 目的地下客權

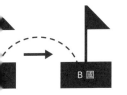

第七航權： 完全第三國運輸權

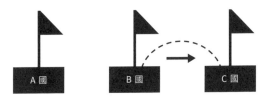

航權： 目的地上客權

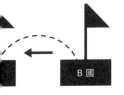

第八航權： 國內運輸權（Cabotage）

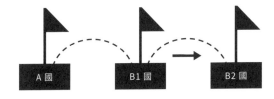

《美國破產法》第 11 章（Chapter 11）是一套廣為人知的破產保護方案。美國的航空公司在遭遇重創之後可以申請破產保護、進行機構重組、免於債權人的索償，卸下舊有重擔之後，機構架構變得簡練，運作也可得到改善。這種做法讓公司繼續經營，卻「無須付賬」，產生明顯的競爭優勢，對全球航空業的競爭對手極不公平，因為第 11 章的應用，已經超出拯救企業的公開意圖，加劇競爭的不公平。有人評論稱：

國際競爭對手認為，破產法第 11 章實際上是美國政府的一種保護形式，允許美國的航空公司人為地將成本保持在較低水平，結果扭曲了長途運輸市場。英國航空的董事長馬丁‧布勞頓（Martin Broughton）表示，採取這種手段扶持半死不活的企業，只會犧牲他人利益，代價卻全由他人承擔，因此有理由相信，與其說第 11 章是美國航空業最後的救命稻草，不如說它已成為一種戰略工具。[15]

經常有傳言指政府對航空公司進行補貼和財政支援，但是說法卻難以證實。曾有一篇研究論文援引經濟

---

15 http://www.moneyweek.com.investment-advice/us-airlines-hit-turbulence-again.aspx.

合作組織 1991 年至 1997 年的數據，列舉了一些「資金援助」的例子。[16] 作者提到，各國政府曾向七家航空公司提供了共 110.4 億美元的資金，但是在 2001 年 9．11 慘劇發生後，交通量急劇下降，航班（尤其是往返美國以及美國境內的）數量大幅減少，不少政府都公開援助過航空公司，甚至直接撥款，安排為航空公司承擔保險賠付。假如沒有政府的支持，許多航空公司根本無法生存下去。

據報道說，美國曾為本地航空公司提供總值 50 億美元的一籃子援助，另外還提供了 100 億美元，以支援航空公司賠付保險和償還款項。美國還為本地航空公司提供戰爭風險的保險，如果沒有提供這些保險，航空公司根本無法投保。[17] 歐洲有些地方也提供了類似的保險擔保。[18]

在勞工法規方面，航空公司是否收到完全一視同仁的對待？一些國家的勞動法對當地航空公司有利。而在一些地方，航空公司的工會受到嚴格控制，薪酬增幅

16　"The Reality of Open Skies and its Relevance to Hong Kong and its Relevance to Hong Kong", Research Paper by C.K.Law and R. Yeung of the Hong Kong Policy Research Institute in the *Economic Digest*, 2002, p.47.

17　http://www.workingeastbay.org/article.php?id=600.

18　http://www.nato-pa.int/default.asp?SHORTCUT=248.

須接受審查，工會領導人如非當地國民，其工作或居留許可可以被吊銷。甚至政府直接插手也是眾所周知的事。隨着 2008 年金融危機衝擊航空公司，有些政府開始發放補貼。日本航空 2010 年初陷入困境，日本政府也理所當然地插手救亡，保存日航的「招牌」。

航空政策能大大幫助本地航空公司。例如低廉的降落和機場收費，就算一視同仁，適用於所有航空公司，也對本地航空公司最為有利。背後的理由非常簡單，因為本地航空公司是機場的第一大用戶，如果所在地其他領域（包括燃料、勞動力、資本成本等）的成本較低，本地航空公司便可得到最大益處。如果所在地營運成本較低，本地航空公司的競爭力將可大幅提高。

如果機場舒適，並配備現代、以乘客為本的設施，便可吸引乘客，幫助本地航空公司引來更大的過境客流。此外，如果機場效率高，停機位充足，又沒有航班擠塞的問題，那麼航空公司 —— 尤其是本地航空公司 —— 便可大展拳腳。

當然，航班出發和到達時間的分配、政府人員出差必須乘坐本地航空公司航班的要求、附加費指引等等都會嚴重影響公平作業。

有人甚至指責有些政府的跑道升降優先使用權偏袒了本地航空公司，然而這種偏見欠缺實際證據，說法多半來自飛機師之間的口耳相傳，並沒有數據作佐證。

從經濟學的角度來說，政府對航空業的干預是一個嚴重的問題：干預導致競爭環境傾斜，妨礙適當的經濟力量發揮作用。世界不需要像今天這樣有 500 間航空公司。世界需要更少但更高效和更具競爭力的航空公司，以更充分滿足客戶的需求。但奇怪的是，儘管美國存在市場扭曲和政府援助，但它也是一個很好的參考例子。在 2007 年和 2008 年，某間大型航空公司因經濟原因停飛（計算主要航空公司退役飛機的數量），而且已經完成裁員，但是美國航空系統卻因此損失大量運載能力。舉例來說，2008 年，美國聯合航空機隊有約 100 架飛機停飛，同時削減 7,000 個職位。達美 / 西北航空則削減了 8-10% 的運力。油價在 2008 年末急跌，但乘客需求仍然疲弱。聯合航空、達美 / 西北航空和美國航空均在 2009 年進一步裁員，結果美國主要的航空公司都期望捱過挑戰，放眼未來。那是錯誤原因的正確答案嗎？

我們明白，無論是任何的國家，還是航空業，都無法應付接踵而來的破產倒閉潮。多年前美國銀行業和

後來的汽車業都反映大公司破產足以危及整個經濟，因為大公司倒閉會對供應商、服務商和顧客產生連鎖反應。教科書認為，完全自由的經濟只會出現在全無社會制約和保護的完全自由社會。假如沒有任何社會約束、保護或者任何緩衝，社會便會陷入混亂、衝突和嚴重經濟蕭條。軟着陸仍是較可取的做法，和航空業一樣，不同行業的相關層級都應該繼續完善監管、公司管治和監督。但航空業亦應受到同樣的監管，在一個公平、公正的環境下競爭。

第五章

發展樞紐

2007 年國際機場協會（ACI）的報告指出，世界首十大客運機場的客運量是 6 億 4192 萬噸，佔全球機場總客運量 47.96 億的 13.4%。當年吞吐量最高的機場（只計客量，不分國內國外）依次是：亞特蘭大、芝加哥、倫敦希思羅、東京成田及洛杉磯，顯然國內客量使美國和日本東京名列前茅。

但如果把跨境／國際（以需要出入證件算），那倫敦希思羅排第一，接着依次是巴黎戴高樂、荷蘭阿姆斯特丹、法蘭克福及香港。根據 2007 年的數據，如果以跨境／國際貨運量算，那香港排第一，首爾仁川和東京成田隨後。

2007 年，佔旅客市場總體份額最高的是北美洲，達到 32%，其次是歐洲 31%，亞太區 24%，拉丁美洲和加勒比 7%，中東 3% 和非洲 3%。但到了 2019 年，亞太區佔 37%，歐洲 27%，北美洲 23%，拉丁美洲 7%，中東和非洲 6%。

亞太地區的旅客人數佔最多，主要是因為其地理和經濟因素。亞洲主要貿易樞紐之間的距離比歐洲的樞紐遠，例如香港與新加坡的距離，就差不多等於芬蘭和突尼西亞之間的距離。亞洲航空市場快速增

長，反映亞洲在過去 30 年經濟的崛起，也見證許多新興的航空網絡不再單是在傳統的歐洲和北美，而是轉移到了東方。現在主要的航空樞紐都不是偶然形成的。

按所有航空公司都採用的單位「客運收益公里數」（Revenue Passenger Kilometres；RPK）來比較世界各地航空公司的載運量，可明顯反映美國的本地航空市場的市場規模。2008 年的數據見表 5-1。

表 5-1　世界各地航空公司的客運收益公里數（RPK）

排名	航空公司	RPK
1	美國航空	211,953,885
2	法國航空–荷蘭皇家航空	211,713,000
3	達美航空	198,036,613
4	聯合航空	176,673,281
5	大陸航空	133,236,083
6	西北航空	127,440,391
7	漢莎航空	126,014,000
8	西南航空	118,248,124
9	英國航空	110,831,000
10	全美航空	97,456,832

資料來源：Airport Transport World（2009 年 2 月）。

當時全球排名前十的客運航空公司中，7 家在美國，3 家在歐洲。

在進行這項調查之前幾年，美國航空公司的機隊規模比中國三大航空公司加起來還要多，但那只是美國一間航空公司而已。即使到了 2009 年，美國航空的機隊規模還可以和中國三大航空公司相提並論。雖然美國的航空公司有龐大市場，但是那時中國市場仍有無限潛力。

很多歐洲航空公司的成立時間比美國同業遲，而且發展也受到第二次世界大戰影響，但是歐洲國家多靠着支持一間國際航空公司，並讓其成為國家資產，以促進航空發展。航線增長和航空條例放寬，讓樞紐和航線網絡得以擴張。亞太地區也出現類似情況。每個樞紐都有強大的本地航空公司，現象既非偶然，也不是壞事。

強大的本地航空公司和樞紐

前文提到，本地航空公司透過航線網絡運載商務人士、訪客和遊客往返主要樞紐。實證研究發現，航空公司的網絡可以影響旅客如何選擇航線。例如，如果旅客乘坐日本航空的航班從美國飛往越南，就不可能在香港轉機；如旅客乘坐馬來西亞航空或新加坡航空的航班從澳洲飛往歐洲，也不可能途經曼谷。同樣，如果國泰航空的航線網絡較強，而服務和價格具競爭力，那麼就更有機會吸引旅客途經香港。這樣一來就可以為香港帶來相關益處，並鞏固香港作為世界航空樞紐的地位。

國際航空業的競爭越來越依靠「網絡實力」。航空樞紐實力取決於樞紐中心輻射出來的接駁路線所產生的乘數疊加效應。只有強大的本地航空公司才能提供高頻率的服務和協調度高的航班時間表。要讓樞紐的連接功能發揮到最大，這兩個條件都不可或缺。

舉例來說，國泰航空提供由香港到斯里蘭卡科倫坡的航班服務。香港和斯里蘭卡之間的點到點旅客量有限，如果僅考慮本地人往返香港和科倫坡的有限客量，安排定期航班並不划算，但是國泰航空卻在 1992 年末卻開通這條航線。國泰航空藉此良機，吸引北美、中國

內地、日本、韓國、菲律賓甚至澳洲的旅客經香港前往科倫坡。斯里蘭卡的安全情況曾經引發關注，加上當時斯里蘭卡的旅遊業亦不如今天蓬勃，但這條航線仍然有利可圖。有了這條航線，香港便有了定期飛往斯里蘭卡的航班，而斯里蘭卡人也可以飛往香港，並以香港作為他們的樞紐。開發這點到點市場，亦有利兩地的旅遊和貿易。自航線在 1992 年開通以來，兩地之間的貨運和客運量均有增長。

但如果國泰航空不能使用該航線，又或者經濟因素（例如燃料或其他成本過高，或需求急劇下降，或運輸量供過於求）或其他原因（例如安全）使航線不再受歡迎，那麼受害的不只香港－斯里蘭卡航線，還有香港這個樞紐所提供的整個連接網絡，結果連接行業收入下降，削弱香港作為樞紐的地位。

同樣，國泰航空從香港飛往印尼峇里島的航班，也因為吸引到經香港飛往峇里島的歐洲和北亞乘客而有利可圖。事實上，來往香港和峇里島的本地需求非常有限，所以額外的「第六航權」對很多航班而言是十分重要的。早在 2006 時，國泰過半的乘客已經不只是往來香港，而是來轉機的。

本地航空公司為樞紐的各條接駁航線帶來乘數效應。例如，國泰航空一班從倫敦飛往香港的航班，能夠接駁國泰航空所有從香港出發的其他航班。每一天，國泰航空航班頻繁地從倫敦出發回到香港，而這些航班旅客可能會在香港轉機，然後繼續飛往上海、台北、廈門、昆明、雅加達、馬尼拉、宿霧、亞庇、胡志明市、布里斯班、悉尼、墨爾本、珀斯、奧克蘭等地，轉機組合層出不窮。但是維珍航空從倫敦飛往香港的航班，卻無法在香港提供多種接駁選擇。而且國泰航空可用航線接駁時間、票價、市場推廣等方法加強競爭力。

相反，一班在法蘭克福降落的國泰航空航班，其接駁優勢遠不及漢莎航空，這回國泰航班無法從法蘭克福受惠。相比之下，漢莎航空更能得到從香港經法蘭克福飛往慕尼黑、維也納、布拉格或其他歐洲地方的乘客青睞。因此，要提升競爭力，關鍵在於在強大的樞紐周圍建立良好的接駁網絡。一間擁有大量「輻射狀」航線的強大本地航空公司，能夠提供多元化的接駁選擇，鞏固本地樞紐。

表 5-2 以香港為例，顯示了本地航空公司在延長航班接駁線方面的優勢。

表 5-2　從香港起飛的直飛航班頻率比較

目的地	所有航空公司	國泰航空
台北	45	19
東京	18	6
首爾	17	5
新加坡	21	7
曼谷	26	5
上海	57	32
北京	47	30
倫敦	11	4
法蘭克福	4	1

資料來源：數據來自香港國際機場 2009 年 3 月 25 日出境航班資料，日期為隨機抽樣。表上「紐約」包括約翰・甘迺迪機場和紐華克機場。由於代碼共享，許多航空公司的數據都會有高估的情況。

2003 年在香港舉行的空運牌照局（ALTA）聽證會上，國泰航空與港龍航空（當時的股權結構不同）就分享香港至中國內地的交通權問題進行了有趣的闡述。國泰航空與港龍航空（當時在不同的股權結構下）正爭議如何分配往來香港和中國內地的航權。大家都認為，從香港往返內地的交通是一個關鍵的增長點。

與一些人的觀點相反，強大的本地航空公司不會「排擠」其他航空公司。事實上，本地航空公司往往

會吸引更多的航空公司前往樞紐。例如外國航空公司仍然希望飛往法蘭克福，然而漢莎航空已擁有該機場55%的航班。新加坡航空則在樟宜機場擁有超過40%的航班份額。然而，巴布亞新幾內亞的莫爾茲比港在過去20年則表現不佳，機場毫不擁擠，但很少有航空公司熱衷進入該地。航空公司仍會排着隊前往倫敦、東京、北京、紐約和香港等擠塞的機場。

英國航空在2007年至2008年的載客量為3,300萬人次，其中跨境／國際客就超過2,830萬，全球排行第五，英航當年已有247架飛機，還再訂購了59架飛機。他們全球飛75國家150個航站，加上其「代碼共享」和「外判」航線，英航可說有超過300個航點。英航每天在倫敦希思羅機場有550班機升空，全年升降次數達47.1萬架次，佔倫敦希思羅機場的43%，數字大得令人咋舌。

希思羅機場已成為世界上最繁忙的國際機場，旅客吞吐量達6,790萬人次，貨運量達130萬噸，為92家航空公司服務，可以連接全球187個目的地。倫敦的希思羅機場有33%的乘客是來轉機前往其他目的地。機場增設五號航站樓，容量每年可達3,500萬人次，擁有希思羅機場的希思羅機場控股公司（BAA）表示，預

計到了 2012 年便要替換或更新機場另外四個航站樓，進一步鞏固希思羅機場作為世界上最繁忙航空樞紐的地位。

儘管如此，希思羅機場亦面臨挑戰，運營需求目前已接近能力上限的每年 48 萬架次。希思羅機場控股公司指，公司要在 2015 年之前重整機場營運架構，讓機場能處理 8,700 萬名旅客。有人要求希思羅機場的規劃方從「分隔模式」（segregated mode）轉移至「混合模式」營運，以同一條跑道起飛和降落，而非以前的一條跑道降落，在另一條跑道起飛。這個做法可以提高流轉量。除此之外，有人建議建造較短的第三條跑道，讓目前堵塞跑道的小型飛機使用，並繼續營運來往曼城、愛丁堡、巴黎和阿姆斯特丹等短途航班。來往十個短途地區的客機每年升降量約為 10 萬架次。希思羅機場控股公司推算，第三條跑道能即時為英國每年帶來 70 億英鎊的收益，到了 2030 年更會增至每年 300 億英鎊。

荷蘭皇家航空可從阿姆斯特丹飛往 127 個目的地（如計算代碼共享，則有 148 個目的地），2007 年，機隊有 195 架飛機，並額外訂購 20 架。同年荷航載客量為 2,340 萬人次，如與法航合計，則載貨量達 657,022 噸。在 2004 年 5 月，荷航和法航合併，兩者皆保留公

司招牌，但貨運則不然。如果我們把法航在巴黎的樞紐也計入數據，法國航空－荷蘭皇家航空集團載客量高達6,500 萬人次，設有 314 個航點，旗下飛機多達 554 架。在 2009 年初，集團有意收購意大利航空部分股權。

阿姆斯特丹史基浦機場為 110 間航空公司服務，共有 267 個航點，2007 年客流量達 4,780 人次，每日有 1,195 班航機升降，機場客運量排行世界第三。史基浦機場貨運量為 160 萬噸，世界排行第十。41.7% 的旅客（1,970 萬人次）都是要前往其他地方的轉機旅客。也有不少人喜歡到阿姆斯特丹停留一會後再出發。荷蘭政府延續其策略，推行各種政策，希望在 2015 年前把阿姆斯特丹打造成全歐洲最有效率的交通樞紐（這套說法在金融危機前發表，所以實際日期或有所更動）。

阿姆斯特丹、巴黎、法蘭克福，以及倫敦（自英法海底隧道落成後）均擁有良好的鐵路聯繫，所以都是通往歐洲其他地區的絕佳門戶。鐵路可以滿足鄰近地區和一些二級城市的交通需求，從而把「集水區（catchment area）」與樞紐連接起來。亞洲和北美洲也有不少類似的例子。地理位置雖然是重要的先天優勢，但就布魯塞爾而言，有了強大的本地航空公司，方能建立廣闊的國際連接網絡。

本地的航空公司、政府、機場以及航空當局都希望確保樞紐能為國家／地區創造最大的經濟價值，而各方的努力都可反映本地航空公司能大大促進本地經濟發展。機場基礎設施和相關項目，以及航空公司的運作，兩者都有資本密集的本質，所以各方必須共同努力。新加坡和迪拜就是最佳例子，因為兩地均可從良好的航空網絡裏獲取極佳回報。

新加坡航空和新加坡樟宜機場

1965 年 8 月，新加坡脫離馬來西亞聯邦，成為獨立國家，當時新加坡機場位於巴耶利峇，而那時新加坡的航空公司與我們現今所熟悉的新加坡航空可謂天差地別。

嚴格來說，新加坡航空的前身是 1937 年成立的馬來亞航空（Malayan Airways）。馬來亞航空在 1963 年變成馬來西亞航空（Malaysian Airways），並在 1967 年改組成馬來西亞－新加坡航空（MSA）。這家聯合的航空公司於 1972 年分家，馬來西亞負責營運馬來西亞的航空系統，成為後來的馬來西亞航空，而新加坡則以新加坡航空的身份營運。

新加坡獨立後不久，便推行了一項宏大策略，銳意建立交通樞紐地位。新加坡建造龐大的海上運輸設施，造就了後來新加坡港務局和東方海皇航運（NOL）的成功故事。新加坡由此成為著名的貨櫃運輸樞紐，甚至能在世界頂級貨櫃港口排名上與香港一爭高下。東方海皇航運自 1968 年成立以來，已成為了貨櫃航運的中堅，尤其自 1997 年它與美國總統輪船公司合併以後，變得更加強大。[1] 但新加坡政府決定投資建設航空基礎設施，影響相當深遠。那時新加坡只是個剛剛獨立的小國，發展水平和財力有限，假如新加坡政府沒有遠見、精準判斷和堅定決心，那就根本不能單以營商角度說明為何要設立世界級的機場和航空公司。

　　1965 年時，新加坡的人口僅為 189 萬，教育水平和國民財富遠不及今天，但政府依然決心發展機場和航空公司。

　　新加坡航空發展迅速，漸漸為人熟悉，70 年代初期，新航只採用波音 707 飛機，但後來不斷更新機隊，

1　東方海皇航運前主席吳作棟在 1990 年至 2004 年間擔任新加坡總理。他後來出任新加坡政府高級部長以及金管局主席，直至 2011 年。

例如在 1973 年引入當時先進的波音 747 飛機，1976 年年中引進麥道 DC10 飛機，自 1985 年起購入空中巴士 A310 飛機。這些在當年都屬於行業內的大手筆行動。

大膽而聰明的策略和市場營銷為新加坡航空帶來莫大裨益。70 年代，新加坡航空創立「新加坡女孩」(Singapore Girl) 這個鮮明的營銷品牌，後來一直沿用多年。無論飛往任何地點，新加坡航空皆以完美的服務贏來盛讚和聲譽。要為這個年輕的國家建立形象，沒有方法比營運航空公司更好。一路以來，新加坡航空已經奠定航空業界的頂級形象。

時任新加坡總理李光耀早在 1972 年 7 月 16 日就指出，一家強大的航空公司可帶來經濟回報，他說：「新加坡經營一家航空公司……明顯是為了經濟利益。」優秀的航空公司最適合由頂尖的機場來服務。1975 年，即新加坡獨立後僅十年，政府便決定在樟宜興建超現代化機場，取代擁擠的巴耶利峇機場。1981 年，樟宜機場第一座客運站投入服務。

截至 2009 年 3 月 30 日，新航的客運機隊有 103 架。2006 年至 2007 年，機隊運送了 1,830 萬名乘客和

130 萬噸貨物和郵件，每週營運 764 個航班，前往 35
個國家的 65 個目的地。新航與星空聯盟合作，把航線
地圖拓展至 43 個國家的 143 個目的地。2008 年，《航
空週刊》雜誌根據一系列標準評選表現最佳的航空公
司，新航高踞榜首。此外，截至 2009 年 3 月底，新航
集團旗下的新航貨運有 12 架 B747 貨機，勝安航空有
10 架 A320 和 6 架 A319。

新加坡航空在新加坡國內備受推崇。如前文所述，
無論是電視每晚播映的國歌短片，還是新加坡鈔票，都
曾出現新加坡航空的圖像。不少新加坡國民都以這個
國際知名品牌為榮。

2008 年，新加坡人口僅約 480 萬（包括約 120 萬非
永久居民），[2] 本地市場不大，也不像印尼和菲律賓等國
家那樣，可以發展本地航空網絡，但是新加坡利用其位
於東南亞的地理位置，為新加坡航空創造廣闊的乘客
和貨物「集水區」。根據公司年報，新加坡航空在 2007-
2008 財政年度裏全年平均僱用 14,071 人，而新加坡航

2　Census of Population 2010 Advance Census Release, https://
　　www.singstat.gov.sg/-/media/files/publications/cop2010/
　　census_2010_advance_census_release/c2010acr.pdf

空集團的總員工人數為 30,088 人，[3] 可見新加坡航空集團絕對是新加坡一大僱主。

　　如表 5-3 所示，2007 年，新加坡的樞紐樟宜機場接待 3,670 萬人次的旅客，共有 88 間航空公司派機來住樟宜機場。機場的航班連接超過 60 個國家的 185 個城市，每星期有超過 4,000 班航機升降。樟宜機場是國際航空網絡裏一個常用的樞紐，前往樟宜機場的旅客之中，約 40% 是轉機旅客，而 10 至 15% 的旅客是到新加坡短期旅行的遊客。樟宜機場創造 10 萬個職位，每年為新加坡經濟帶來總值 67 億美元的貢獻。

表 5-3　2007 年新加坡航空和樟宜機場的統計數據

	新加坡航空集團	樟宜機場
旅客（以百萬計）	18.3	36.7
貨運（以百萬噸計）	1.3	1.9
目的地	65	185
每週航班	764	4,186

資料來源：新加坡航空公司和樟宜機場網站。

3　Singapore Airlines, Annual Report 2008/09, https://www.singaporeair.com/saar5/pdf/Investor-Relations/Annual-Report/annualreport0809.pdf

新加坡政府通過投資機構淡馬錫控股公司，持有新加坡航空 54% 股份；淡馬錫控股持有和管理許多新加坡政府在國內和國內外投資。

自成立之初，新加坡的精英便加入新加坡航空，參與制定航空策略和營運業務。新加坡的領導層具遠見，認識到航空業攸關國家整體利益，所以會投資建設新加坡的航空基礎設施，致力讓新加坡為中心的航空遍佈全地區。

2004 年，時任新加坡交通部長姚照東也在演講提到這點：

> 自 1965 年新加坡獨立以來，我們一直努力開拓世界市場，參與全球經濟。作為一個年輕的獨立小國，我們沒有自然資源，也沒有內陸腹地，更沒有其他選擇。當時國際民航業仍處於早期發展階段。區域航空業仍處於起步時期，但是我們明白，要讓新加坡融入全球經濟，就必須以電訊、航空和航海業與世界各地保持良好聯繫。以上種種可締造基本交通基建，讓新加坡晉身全球市場。30 多年後，航空業仍然是支撐本國經濟增長的重要支

柱⋯⋯新加坡航空在發展新加坡的航空樞紐發揮了重要作用。[4]

除了新加坡航空和服務二線城市的子公司勝安航空,新加坡近年還發展廉航(LCCs)。在過去十年,廉航在東南亞航空市場有長足發展。馬來西亞和菲律賓等東盟市場的廉航佔所有定期航班的三分之二。[5] 從策略上看,廉航吸引鄰國更多的航班進入新加坡。2001年,總部設於馬來西亞的亞洲航空成為區內第一家現代化國際廉航,不久競爭對手相繼湧現,例如泰國皇雀航空、越南越捷航空和菲律賓宿霧太平洋航空。2007年,新加坡政府在樟宜興建廉航客運站。淡馬錫控股和新航向國外經營的兩家廉航作大量投資:新航創立虎航集團,並持有公司 49% 股份,而虎航集團則持有新加坡虎航,以及以墨爾本為基地的澳洲虎航。淡馬錫持有捷星亞洲航空約 19% 的股份,而澳洲航空也持有捷星亞洲航空 49% 股份。

新加坡政府相當期望得到連接世界各地的新航線。

4　2004 年 2 月 23 日,姚照東部長在國際航空運輸協會亞洲航空航天峯會開幕式上的致辭。

5　Hirsh, Max, "Emerging Infrastructures of Low-Cost Aviation in Southeast Asia." *Mobilities* 12:3.2017.

這種期望符合新加坡整體和新加坡航空的利益，鞏固新加坡的樞紐地位。時任內閣資政的李光耀在樟宜機場成立 25 週年晚宴的演講中表示：「樟宜機場作為我們的國際門戶，向所有到訪新加坡的旅客介紹新加坡出色的運作模式。」他補充說，樟宜機場備受國際認同，讓新加坡卓越、可靠和值得信賴的名聲揚威於外：「唯有機場社區內所有人員通力合作，才能使機場在不斷變化的環境中與時並進，維持競爭力」，「假如缺少了有承擔而且能力卓越的負責人，以及一眾團體提供的支持，任何遠景都不能實現。唯有團結一心，才能使樟宜機場成為世上最佳機場。」

樟宜機場策略是儘量提高非航空收入，例如機場購物和餐飲消費，以降低航空公司的營運成本，保持競爭力。新加坡航空作為樟宜機場最大用戶，顯然從中獲得最大益處。樟宜機場在 1981 年啟用時，收入的 60% 來自航空業，40% 來自非航空活動。到了 2008 年，情況已經逆轉，超過 60% 的收入來自商業活動，[6] 樟宜機場能夠降低對航空公司的收費，更聲稱機場的航空收費是區內最低。

6　Changi Airport Group, Annual Report, 2008-09.

多年來的事實證明，高瞻遠矚的新加坡領導人能為小小城邦創造巨大經濟利益。新加坡的故事非常成功，航空業和本地航空公司讓新加坡揚威國際。新加坡憑藉着新加坡航空強大的網絡、頻密的定期航班和高承載力，成為一個主要的航空和航運樞紐。新加坡連接不同市場，引進外匯，創造就業機會，並推廣旅遊業，讓經濟有顯著發展。正如內閣資政李光耀總結時所言：「在航空和全球化的協助下，新加坡成為全球經濟樞紐和國際都會。」[7]

阿聯酋航空和迪拜國際機場

迪拜政府向來高度重視航空業，阿聯酋航空總部設於迪拜，是一間國際航空公司。阿聯酋航空在 1985 年只有兩架飛機，經調整策略後，已發展成為中東和全球航空一股重要力量。70 年代初，迪拜遠不及今天發達，而且未必較區內其他城市（如德黑蘭）富裕。巴林是當時中東一大城市，也是歐亞航班的主要中轉站。歐亞之間的所有航班都要在中東或印度停留（唯一例外是北亞到北歐的航線）。

7　2004 年 2 月 22 日，內閣資政李光耀在於史丹福瑞士酒店舉行的國際航空運輸協會亞洲航空航天峯會上的致辭。

上世紀 80 年代初，飛機性能大有改進，飛機引擎耗油更少，可飛更長的航程。飛機能不停站飛更長的航線，途中毋須再在中東停站，所以中東城市的重要性大減。但是隨着迪拜積極發展航運、大型商業、金融、購物和旅遊業，航空業和阿聯酋航空發展蓬勃，於是迪拜很快就成為中東一個重要的航空樞紐。

80 年代初，迪拜領導人謝赫・拉希德・本・賽義德・阿勒馬克圖姆（Sheikh Rashid bin Saeed al Maktoum）致力發展迪拜。他高瞻遠矚，相信迪拜能憑藉強大的本地航空公司轉變為航空樞紐，從而鞏固經濟。1985 年，阿聯酋航空成立，謝赫・拉希德的弟弟謝赫・艾哈邁德（Sheikh Ahmed）獲任命為新成立的迪拜民航局主席，負責管理機場營運，並兼任阿聯酋航空主席兼行政總裁。

迪拜的定位是成為連接世界上任何兩地的樞紐。阿聯酋航空由政府全資擁有，過去 30 年間發展迅速，2008 年已擁有 109 架飛機（當時尚訂購了 182 架飛機），覆蓋 99 個目的地。航空公司在 2008 年接載 2,120 萬名乘客，運送 128 萬噸貨物，員工總數達 23,650 人。

1998 年，金融危機爆發，許多航空公司因此削減飛

往亞洲的航班，但阿聯酋航空卻視之為擴展亞洲航線網絡的良機。阿聯酋航空在多地不斷擴充業務，2003年「沙士」疫情期間，亞洲的航空公司蒙受重大損失，但有賴公司的廣泛航空網絡，阿聯酋航空的收入增長了67%。[8] 雖然當時對疫情的擔憂仍然存在，但阿聯酋航空卻向中國政府申請開通從迪拜飛往上海的直航航線。

隨後幾年，阿聯酋航空先後開通從迪拜到北京和廣州等地的新航線，把遊客帶到迪拜，或經迪拜送到歐洲及非洲，也方便波斯灣商人進入中國主要市場，迪拜這個樞紐還覆蓋中東以外的市場。目前，阿聯酋航空已進入英國市場，和英國航空競爭。英國四個地級機場、希思羅機場和蓋特威克機場均有航線直飛迪拜，旅客可以在迪拜轉機飛往亞洲和大洋洲。[9]

迪拜國際機場流量有超過一半來自阿聯酋航空，1990年旅客量為 500 萬人次，2007年急增至 3,430 萬人次，貨運量也從 1990 年的 14 萬噸，增加至 2007 年167 萬噸（參見表 5-4）。目前，迪拜機場向 120 家航空公司提供服務，並連接全球超過 200 個目的地。相比之

8　"Fly to Dubai", *21st Century Business Herald*. 6 December 2004.

9　*Emirates 2018-2019 Annual Report*.

下，巴林國際機場在 2007 年的載客量僅 730 萬人次，
服務 39 家航空公司，目的地僅 39 個，遠遠落後於迪拜
機場。[10]

表 5-4　迪拜國際機場的增長（1990-2007 年）

	1990 年	2007 年	增長率
客運量	502 萬	3,430 萬	583%
貨運量	14 萬噸	167 萬噸	1,043%

資料來源：迪拜國際機場網站。

　　航空業的成功為迪拜其他地方帶來重大發展機遇。
迪拜方便的直接和轉駁交通吸引不少旅客到訪。航空
運輸量的增長尤其令旅遊業受惠，根據阿聯酋的數據，
旅遊業佔國內生產總值 30%，而石油只佔 6%。

　　迪拜政府對阿聯酋航空發展的支持，不僅體現在擁
有權上，還反映在政府對航權談判的努力上。迪拜位
處歐亞之間，位置與迪拜國際機場 24 小時營運的模式
完美結合，使航空公司可以通宵營運航班，降低營運成
本，提高飛機使用率。

10　Bahrain Airport Company. *Annual Report.* 2019.

迪拜成功發展為航空樞紐，而附近的卡塔爾阿布扎比和多哈同樣也備受矚目，兩地分別興建了阿布扎比國際機場和多哈國際機場，目前仍在發展以兩地為基地的航空公司。阿布扎比將對國際機場 3 號航站樓再投資 69 億美元，當時預計機場的旅客吞吐量將由 2009 年的 800 萬人次增加到 2011 年的 2,000 萬人次。當然，石油為這些城市帶來財富，但事實上航空促進城市的旅遊業及其相關活動，為長遠的經濟增長作出貢獻。例如，阿布扎比在 2003 年成立阿提哈德航空，截至 2008 年底，已建立五大洲 42 個目的地的航線。2006 年，阿提哈德航空公司的旅客人數超過 300 萬人次，2007 年上升至 460 萬人次。與此同時，旅遊人數和酒店預訂量也創下新紀錄：2007 年阿布扎比的旅客人數為 137 萬人，遠多於常住人口。

總而言之，強大的本地航空公司都會盡力把旅客送往公司所屬的樞紐，不論是作為目的地還是轉乘地，這些旅客都能為城市作出多方面的貢獻。

人們或會認為，紐約、巴黎和北京等大城市可藉助商業、歷史和文化來吸引旅客，不必開設本地航空公司，光靠外國航空公司來往便已足夠，但是外國航空公司只是為了賺錢才會進入本地市場，所以會傾向把旅客送往自己公司的所在地。

法國航空和英國航空這兩間強大的本地航空公司分別服務巴黎和倫敦，然而紐約就有點特別。紐約的本地航空公司環球航空在 2001 年倒閉，在此之前，泛美航空也已經倒閉。但以前這些公司把紐約建設成航空樞紐，實在功不可沒。現在紐約已經是美國幾間主要航空公司的重要樞紐。

美國的航空公司會使用多個樞紐：美國航空有三個樞紐，大陸航空有四個，美國聯合航空則有五個。航空公司盡忠於國家，把外國乘客帶進美國市場。樞紐一經鞏固，就會和本地航空公司「共生」。樞紐是航空公司發揮所長和致力服務的平台。

儘管人們常說，進攻是最好的防守，但強大的樞紐一旦完全建立，就有易於防禦的優勢。

50 多年前，三藩市和洛杉磯等樞紐已經非常重要。時至今日，三藩市和洛杉磯仍然是非常忙碌的樞紐，兩者均為加州乃至美國經濟作出巨大貢獻。三藩市國際機場（SFO）的運營費用（即 2007 年的當地經濟支出）高達 4.315 億美元，但仍然錄得盈利。洛杉磯機場（LAX）表示，機場聘用 59,000 名員工，加上區內 408,000 個工作崗位，洛杉磯國際航空和相關活動每年產生的經濟貢獻總值 600 億美元。2007 年，加州的 GDP 為 1.8 萬億美元，多於西班牙的 1.4 萬億美元，因此當年加州是全球排名第八的經濟體。人們幾乎可以就此斷言，對美國西岸而言，三藩市和洛杉磯在未來 50 年仍非常重要。

樞紐擁有巨大的匯聚能力，堅實的樞紐會在「集水區」（catchment area）佔據主導地位。雖然日本有大量機場，但超過 55% 的航空交通仍會經過東京。日本北部的宮城縣在仙台市設有機場，但旅客如要前往仙台，有時也會先到東京成田國際機場，然後轉機，或乘一小時火車前往東京車站，再花兩小時乘坐（較昂貴的）新幹線（子彈火車）到仙台，可見樞紐機場的確在「集水區」內佔據主導地位。

實力較強的機場可以把弱勢機場的交通量吸引過來。而弱勢機場除非能夠找到突出的優勢，否則可能無法生存，更遑論要與人競爭。業界刊物《東方航空》（Orient Aviation）曾以日本為例，指：「日本區域機場太多，不少機場因使用率過低而錄得虧損……九州北部的佐賀機場鄰近繁忙的福岡機場，每天只有兩班航機前往大阪和東京羽田機場。」

這也適用於世界上許多重點機場。就舉三藩市國際機場和洛杉磯機場兩個突出例子：旅客會怎樣從美國境外飛到俄勒岡州波特蘭？亞利桑那州鳳凰城呢？內華達州拉斯維加斯呢？國際旅客要是來自西太平洋，都應該會取道三藩市或洛杉磯。

主導地位給予了防守優勢。只要流量越高、網絡連接越強，那就算路線未必是最短，人們反而會更可能選擇成熟的樞紐。

關注波音公司超長型新飛機的發展，便會發現數十年來，波音一直處於民航發展的尖端。波音公司有不少創新發明，但是人們不禁會問，為何從亞洲（或海外）前往波音基地西雅圖的旅途會如此迂迴？為何人們仍須取道三藩市、洛杉磯，以至加拿大溫哥華等樞紐？溫

哥華甚至不在美國。這例子說明了樞紐的威力。

波音 B787 是一種超長飛機,方便進行更多點對點直接服務。飛機可簡化世界各地的路線結構,而且極具經濟效益。然而,交通需求決定航班目的地,所以我們仍然相信三藩市和洛杉磯等樞紐,能在未來多年繼續保持地位。

有些觀察家憂慮,隨着技術的發展越來越先進,三藩市和洛杉磯會失去地理優勢,航班或會繞道而行。然而,根據德意志銀行的一項研究,中心輻射式系統(hub-and-spoke)和點對點系統(point-to-point)未來會同時存在,因此樞紐應在各種活動中繼續保持水準,並提供和加強基礎設施,協助強大的航空公司,並支持相關行業。

第六章

貨運的角色

即使城市位於或毗鄰貿易路線，不代表它會變成偉大城市，也不意味着它有機會成為偉大城市。

正如前幾章所述，客運航空樞紐是主要因素，所以不應忽略。至於貨運（包括貨物和郵件）會與客運交疊，客貨經過的樞紐大致相同。貨物運輸有莫大的貢獻，假如沒有貨運收入，許多航線都可能無法經營下去。從商業航空公司的角度來看，讓貨艙空盪盪的現代飛機在天空飛行，就好比經營一間低層沒有住客的旅館一樣，完全不切實際。

貨物運輸一般被視為航空權談判裏「比較容易」處理的事宜。儘管貨物運輸是討論航空權的一種方法，但大多數國家均意識到，假如另一個主要樞紐擁有無限貨運權，自身的航空發展就會受到影響。

有些航空公司的貨運能力較強，能吸引貨物從來源地經其基地運到最終目的地。如果這些公司得到「第五航權」或超越權（Beyond Rights），情況就更加明顯。

就貨運的重要性而言，這種情況也不一定發生。最初飛機是用於運載人員和／或軍需，後來科技和安全性能均得到改進，航空公司也會空運郵件和旅客。早期

飛機只能負荷機身重量和幾名乘客，攜帶行李是一種奢侈。到了 20 世紀 40 年代末至 60 年代初，洛克希德星座和道格拉斯 DC-6 系列飛機等大型活塞式發動機客機先後面世，載量力漸增。但奇怪的是，不少航機的行李的重量限制均長期維持在 44 磅（20 公斤）。此外，大型飛機也有一點（不多的）空間裝載乘客和貨物。

早期噴射式飛機（例如，德哈維蘭彗星、波音 707 和道格拉斯 DC8）與後期型號的活塞動力飛機航距相若，但速度較快，長途載重表現最初仍遠不及活塞動力飛機，直至發動機技術改進後，燃料消耗量才得以減少，增加噴射飛機的航距和載荷量。在活塞式飛機時代後期／噴射式飛機的早期，人們認為乘客承擔了航班的營運費用（希望仍有利潤），而貨物只是錦上添花。隨着科技進步，論點也有所改變，業界改變定價和營銷策略，以適應更長的航程和大規模的旅行。簡單而言，飛機變得更大，功能更多，但每座英里成本（現在是座公里成本，即每公里運輸每個座位的成本）已告下降，而由於營運成本增加，每程航班的成本都有所上升。當飛機載滿人和貨物時，由於收入甚為可觀，因此兩者的價格都可以降低，從而使客運和貨運的實際成本多年來都維持在較低水平。

到了大型航機時代，超長途飛行已普及，重量限制

也大大減低，正如跨太平洋航班的經濟艙行李限制，已由數十年前的水平，提高至兩件各重 50 磅（23 公斤）。有些航空公司甚至容許攜帶兩件各重 70 磅（32 公斤）的行李上機，亦即是其他航空公司的頭等和 / 或商務客艙行李重量限制。當然，如果燃油成本上漲，航空公司會收取附加費，這在美國尤其常見，也是多賺一點收入的方法。

飛機一般都會預留一些空間和負重量來裝載貨物和行李，而當然要視乎貨物的類型，以及航道的天氣狀況，因為不利飛行的風向或會降低飛機在空中的速度，意味着飛行時間會更長，燃料負荷更高，為了讓飛機起飛時重量處於謹慎和合法的限制內，飛機可能需要卸載貨物。飛航規劃技術水平很高，每次飛行前，機組人員和地勤人員均須進行大量計算。

特種貨機早在多年前面世，例如波音 B747-400F 可以運載達 120 噸的貨物飛行超過 8,500 英里，[1] 確切數字取決於貨物本身、機場條件、天氣狀況以及飛行當天的燃料需求。與客機一樣，這些大型飛機的載重量和飛機營運開支息息相關。簡言之，這些飛機不但是一種需要

1　http://www.boeing.com/commercial/cargo/01_05.html.

負載大量貨物來賺錢的「饑餓動物」，也是樞紐之間最有效率的空運貨櫃運輸工具，可獨自承擔貨運量較大航線的貨運。沿區域航線飛往樞紐的客機，也可以支援機隊貨機：樞紐的客機可把艙內小型貨物合併到貨機上，而長途客機則仍有空間載貨，獲得更多利潤，所以現時世界上約一半的空運貨物均由客機貨艙運載，而網購速遞等的增加，也需要更頻密的航班，客機班次更可以滿足這一越來越大的需求。

但這種模式並非一成不變：2008 年燃油價格急升（同年稍後卻價格暴跌），以及經濟狀況的改變，促使航空公司淘汰耗油量大的舊飛機，包括許多舊款 B747 貨機。取而代之的，除了新型的 B747 貨機和一些由原有客機改造的飛機外，更多是半寬體飛機，例如空中巴士 A330 和波音 777 貨機等型號的飛機。結果，貨機總運載力上升至略超過總貨運量的一半，但飛機總數只佔民用飛機約 10%，相信情況會持續下去。一般而言，貨運收入平均佔航空公司收入的 15%，而某些航空公司甚至高達 50%。此外，越來越多的專業貨機營運商把服務外判予多間航空公司。[2]

2　http://www.boeing.com/commercial/cargo/01_05.html.

航空貨運在航空公司財政中發揮關鍵作用，並為郵政服務、時限性強的物品、高價值和小批量的貨物提供服務。高效的航空服務往往能增強各國企業在製造和貿易方面的市場競爭力。隨着資訊技術和現代管理理念的發展，許多企業在全球生產和供應鏈策略上都要採用即時管理和客戶主導的物流系統。加上亞洲的製造業務（尤其是中國和印度）轉向至高端市場，航空貨運在亞洲各地的產品、半成品和原材料分銷裏發揮的作用越來越重要。例如香港自上世紀 90 年代以來，航空貨運在進／出口總值中所佔份額不斷增加，從 1993 年的 18.4% 增加到 2002 年的 28.6%。

就以某些品牌的電視、計算器和手機的液晶屏幕為例，生產商在亞洲其他地方製造零件，然後送到台灣組裝，再在香港空運到上海附近的工廠進行最終組裝或高端工藝。這種做法之所以可行，因為高端流程已在一個地方處理，而簡單的工序則送到勞動力低廉的地方完成，從而實現規模經濟。舉例來說，已有些便宜日本時裝，產地是越南、墨西哥、柬埔寨、泰國、中國等等。近年印度發展時裝，其服裝產品肯定是炙手可熱的空運商品。

航空貨運的全球增長向來十分可觀（由 1987 年至

2007 年的 20 年來每年增長 4%[3]），預計一直到 2027 年平均每年會增長 5.8%。對客運航空公司來說，貨運的重要性不盡相同（見表 6-1）。很多亞洲航空公司都會將貨物裝載於客機貨艙，有些公司亦有專門載貨的貨機。過去多年來，客運業務定價均有下降，如今客機的剩餘空間不僅牽涉機會成本，甚至還會影響盈虧。

亞洲航空公司的盈利能力向來依賴貨運，從金融危機爆發前幾年數據可見一二。新加坡航空的貨運收入約佔總收入 23%；[4] 國泰航空的貨運收入平均佔總收入 25%（經整合數據，國泰航空的單獨數據則未有提供）甚至更多，[5] 其中一半來自貨運機隊；中華航空的貨運收入約佔總收入 43.5%；[6] 長榮航空情況相近。有些航空公司的貨運收益比例更多，表 6-1 中列出更多例證。近年航空貨運增長迅速，似乎是一個穩定的收入來源。當然，經濟危機會令情況改變，因為消費者需求會隨消費信心疲弱而一蹶不振。然而歷史也反映，消費者恢復

3　http://www.boeing.com/commercial/cargo/01_05.html.

4　http://www.singaporeair.com/saa/en_UK/docs/company_info/
investor/financial/NewsRelease3QFY0708.pdf

5　Cathay Pacific Airways, Annual Report 2007, https://www.
cathaypacific.com/content/dam/cx/about-us/investor-relations/
interim-annual-reports/en/2007_annual-report_en.pdf

6　*Annual Report for China Airlines 2007.*

信心後，支出模式便會相應改變。2008 年的金融危機導致美國市場需求下降，航空貨運業務受創，但長遠而言，航空貨運一定會恢復過來，成為重要的貨運模式。

表 6-1　貨運收入的百分比

亞洲航空公司	約佔總運營收入的百分比 *
日本航空	8.44%
新加坡航空	23%
大韓航空	28%
國泰航空（經整合數據）	25%
泰國航空	13%
馬來西亞航空	12%
中華航空	43.5%
韓亞航空	27.7%
長榮航空	41%
美國航空公司	**佔總運營收入的百分比 ***
美國聯合航空	3.29%
達美航空	2.31%
西北航空	6.39%
美國大陸航空	2.55%
全美航空	1.18%
阿拉斯加航空集團	1.83%

* 數據（2007 年）取自各大航空公司的年度報告；美國的航空公司數據均來自美國運輸統計局。

有些人認為，美國的航空公司客運量龐大，即使要賺取利潤，也不必依靠貨運。在 2008 年第一季度，美國的航空公司接載了 1.583 億已訂機位的旅客，但當中只有 2,280 萬名國際旅客。[7] 但事實上，聯邦快遞（FedEx）和聯合包裹（UPS）等快遞和物流公司主導美國航空貨運市場，隨着 DHL 退出隔夜快遞市場，聯邦快遞和聯合包裹的市場份額達到 80%。[8] 它們營運具備規模，有經濟規模（economies of scale），也連接着公路交通設施，所以不少航空公司的貨運服務都被踢出市場。

這就引出了一個問題：美國的主要航空公司如何能憑藉少量的貨運來增加盈利？雖然它們能取得盈利，但也吃過一些苦頭。過去多年來，有些美國的航空公司曾按《美國破產法》第 11 章申請接受破產保護。美國的航空交通系統龐大，每天都有大量航班穿越美洲大陸。因為美國國內航班需求強勁，航空公司要靠運輸量生存。雖然航空公司收入可觀，但是龐大機隊和廣泛航

7　March 2008 Airline Traffic Data: Three-Month 2008, BTS, US.

8　Deutsche Post's DHL Cedes U.S. Market to UPS, FedEx, *Bloomberg*, https://www.bloomberg.com/news/articles/2008-11-10/deutsche-post-s-dhl-cedes-u-s-market-to-ups-fedex

線網絡的營運成本不低，再加上勞工法規也削弱了靈活性。因此，美國的航空公司利潤比例可以少於外國（特別是亞洲）規模小得多的同行。

促進航空中心發展的政策絕不應忽略貨運的重要性。在決定及檢討新增和現有航線是否可行時，貨運是不可或缺的一環。世界大城市眾多，但紐約、倫敦、新加坡和香港卻成為主要航空交通樞紐，這並非偶然的結果。「航空交通樞紐」的定義肯定包含貨運。紐約、倫敦、巴黎和法蘭克福等航空交通樞紐也是主要的鐵路交通樞紐。航空時代以前，羅馬、長安（西安）和威尼斯也曾經是主要貿易樞紐，昔日可謂貨如輪轉，客似雲來。

但單憑貨運也不足以造就偉大城市。荷蘭鹿特丹和中國寧波都是很好的例子。雖然兩地都擁有吞吐量龐大的重要港口，但如今大多數人都不會視之為世上最偉大的城市。即使考慮空運，單靠貨運流量也不足以讓城市變得偉大。美國孟菲斯的貨物空運就是一個絕佳例子。孟菲斯以配送和貨運聞名，但不能被視為偉大城市。孟菲斯位於田納西州西南部，座落在密西西比河東岸。孟菲斯國際機場是世界上最繁忙的貨運機場，2007 年，機場連續 16 年成為全球最強大的貨運樞紐，2007 年的

運輸量高達 419 萬噸，比 2006 年上升 4.3%。[9]

孟菲斯作為主要的貨運配送中心，都會區內沒有多少製造業活動，經濟很大程度上依靠航空交通。1998年公佈的數據顯示，孟菲斯五分之一的職位在某種程度上與孟菲斯國際機場有關，[10]而截至 2005 年底，約四分之一職位與機場有關（見表 6-2）。

表 6-2　孟菲斯就業情況（2005 年）

非農業勞動力人口	624,900
建造業和採礦業	25,900
製造業	53,400
貿易、運輸和公共事業	171,600
資訊行業	8,200
金融活動	32,900
專業和商業服務	77,500
教育和衛生服務	73,600
休閒和住宿	67,600
其他服務	24,800
政府	89,500

資料來源：田納西州勞工和勞動力發展部。

9　Memphis-Shelby County Airport Authority, Comprehensive Annual Financial Report 2007, https://flymemphis.com/wp-content/uploads/2019/11/2007-Comprehensive-Annual-Financial-Report.pdf

10　Theresa Bechard, "U of M Study: One in Five Jobs Owed to Airport", *Memphis Business Journal*, 20 November 1998.

孟菲斯國際機場是聯邦快遞（FedEx）的基地，公司讓機場發展成為航空貨運中心。機場還設有聯合包裹全球第三大分揀設施。聯邦快遞是孟菲斯最大的僱主，截至 2004 年底，[一]其聘請了約 30,000 名員工。[11] 據聯邦快遞稱，孟菲斯的聯邦快遞樞紐每天能處理約 330 萬個包裹。

儘管孟菲斯的航空貨運量冠絕全球，但是本地生產總值在美國只排名第 19；[12] 2007 年，孟菲斯人口只有約 68 萬人，[13] 在美國城市中排名第 18。

孟菲斯嘗試努力經營航空相關業務，把自己變身成所謂的「航空大都市」（Aerotropolis）。這些業務和周邊住宅區及機場連成一線，並以機場為中心。但是，如果欠缺思想活力、文化交流、學術研究、人才匯集、商業活動，以及其他偉大城市的特色，那麼單憑貨運一點，又能否改變一個城市的相對吸引性及重要性呢？結果仍有待觀察。

---

11 http://www.city-data.com/us-cities/The-South/Memphis-Economy.html.

12 http://memphis.bizjournals.com/memphis/stories/2008/09/15/daily5.html?surround=1fn&brthrs=1.

13 http://memphis.about.com/od/midsouthliving/a/factsandfigures.htm.

但如果貨運受到削弱，就會影響通過樞紐的流量。旅客服務是否可行，往往受到貨運影響，所以樞紐發展的總體策略應全面，為發展貨運作出適當考慮。

第七章

壯大樞紐的策略

全球航空業未來的競爭取決於樞紐之間的競爭。

民用航空業的競爭不限於航空公司，還會涉及公司所屬的樞紐和航空網絡。這不只關乎長途和中途交通量，城市必須圍繞強大的樞紐建立全面的網絡和連接，然後發展偉大城市所需的工業支柱。[1]

樞紐發展需時很長。弱勢樞紐尋求機會變得壯大，而強大樞紐則力爭上游，着力維持和提高自身地位。本章回顧樞紐的優勢和存在的問題，並探討改善方法。

2007 年國際旅客吞吐量排名前四位的機場均位於歐洲，分別是倫敦（6,210 萬人次）、巴黎（5,490 萬人次）、阿姆斯特丹（4,770 萬人次）和法蘭克福（4,710 萬人次）。香港排名第五，2007 年的旅客吞吐量為 4,780 萬人次，多於新加坡的 3,520 萬人次。排名在之前幾年裏並沒有太大的波動。

在貨運方面，香港吞吐量達 370 萬噸，排名全球第一，遠遠領先首爾仁川的 250 萬噸；東京成田機場以

---

1 Doganis, Rigas. *The Airline Business in the 21ˢᵗ Century.* London: Routledge, 2005.

210 萬噸位居第三；新加坡排名第六，為 190 萬噸。

前段中提及的樞紐都有錯配的地方：香港和新加坡無法與其他地區等量齊觀，沒有自己的工業生產基地，也沒有龐大人口作客戶基礎。它們的人口較少（2008 年年中，新加坡有 480 萬，而香港大約有 700 萬），土地面積小（新加坡 682.7 平方公里，香港 1,042 平方公里）。但香港和新加坡都成為了集裝箱港口巨頭，排名不相伯仲。

香港和新加坡以創立國泰和新航兩間世界頂級航空公司見稱，然而兩地的相似之處亦僅限於此，因為它們都踏上了不同的道路，才獲得今天的地位。政治上，新加坡是獨立國家，而香港則在 1997 年脫離英國管治，成為中國一個特別行政區。

前文已概述新加坡發展成航空強國的歷史和新航的輝煌事跡。數十年來，香港和國泰航空增長顯著，傲視區內各地。香港政府在 1997 年前後作出了高瞻遠矚的政策決定，加上航空及相關行業眾人的努力，形成了航空業成功的關鍵因素。香港回歸前後，北京一直貫徹「一國兩制」原則，持續支持香港，因此中央政府實在功不可沒。國泰航空能取得驕人成就，亦有賴公司多年

來奠定的堅實基礎。國泰是一間商業航空公司，沒有政府的財政支持和補貼，但公司也能茁壯成長，成為行內最佳航空公司。但是市場不乏競爭者，香港如要保持領先地位，就必須重點加強背後的成功因素。

樞紐如要繼續保持領先地位，必須考慮以下幾點：

一、樞紐必須繼續改善其設備和基礎設施。

二、樞紐必須不斷提升和加強航空業和網絡的功能。

三、樞紐必須進一步發展航空相關業務，繼續鞏固航空業及其它業類的增長。

以上三項建議均適用於所有樞紐，以下我們會作簡單說明。

基建

一個世界級的表演者，必須有一個世界級的舞台。

新加坡和迪拜的機場都是好例子。新加坡樟宜機場自 1981 年投入服務以來，所獲獎項超過 250 個。樟宜機場憑着優質、高效的服務，多次獲選為世界最佳機場，更不斷改良現有航運大樓，加添新設施：新加坡政府於 2000 年動工興建機場的 3 號航站樓，並於 2008 年 1 月啟用，擴充後樟宜機場每年可容納 7,000 萬名乘客，滿足新加坡在 2020 年前的航空旅行需求。到了 2008 年 3 月，時任新加坡交通部長陳惠華女士通知國會，機場將興建 4 號航站樓，向全球航空業清楚表明，新加坡政府會努力不懈，繼續發展航空樞紐。

不少人懷疑會否造成容量過剩，特別是 2008 年世界金融危機爆發之後。上世紀 70 年代，新加坡開始規劃樟宜機場時，已經提出這方面的問題。前文提到，嚴格來說，在上世紀 70 年代，新加坡才剛剛獨立（1965 年建國），人口和土地有限，而且缺乏資源，國防也是問題，要興建世界最佳機場，幾乎毫無商業理據。但是一直以來這只是遠見和決心的問題。

中東的迪拜政府已對機場設施和基礎設施作巨額投資，造就航空業和本地航空公司阿聯酋航空的飛速發展。據稱，機場第二期發展計劃包括擴大第 2 客運站、興建超級貨運站，以及為阿聯酋航空興建第 3 客運站。為了滿足巨型空中巴士 A380 飛機的需要，機場特地在 2009 年進行擴建，把客容量提升至每年 7,500 萬，當時預料可滿足 2012-2013 年之前的需要，而日後傑貝阿里的新機場應可紓緩部分航運壓力。

阿勒馬克圖姆國際機場位於迪拜市中心以南約 40 公里處，設有三個客運站，24 小時運營，落成後會成為世界上最大的機場，配備有六條跑道。到 2015 年，機場年可服務 1.2 億名乘客，按照計劃，迪拜可就此鞏固航空和物流中心地位。關於這項大計會否成功，仍存有不少爭論，但計劃的確展示當局的決心。

香港也是個好例子。昔日的香港啟德機場只有一條跑道，而且沒有空間以供擴充。政府曾經擴大啟德機場的建築物來增加吞吐量，但最後機場仍幾乎爆滿，客流量遠超 1994 年預計的每年 2,400 萬人次。1996 年，啟德機場接待 2,950 萬人次的旅客。[2] 儘管按面積計啟德

2　Civil Aviation Department Hong Kong. *Air Traffic Statistics 1994, 1996.*

機場的運作效率極高，但是機場空間不敷應用，既嚴重打擊本地航空業擴張，也阻礙外國航空公司開拓飛往香港的航班。而且航空交通容量上的掣肘也造成了其他問題。

大嶼山赤鱲角的香港國際機場取代了啟德機場。新機場於 1998 年 7 月投入服務，這項龐大基建項目為香港帶來了巨大得益。機場在 2007 年客流量達 4,778 萬人次，按設計仍可以招待更多乘客。香港赤鱲角機場和樟宜機場一樣，曾獲多間組織頒發世界最佳機場獎項。然而，有人擔心跑道容量會限制交通運力。正如香港機場管理局表示，為了發展機場，香港國際機場必須解決地面和空中的容量限制。機場管理局在報告裏預測 2025 年的趨勢，稱長遠而言須擴充機場跑道容量。機場管理局後來就機場第三條跑道進行工程和環境可行性研究。香港機場管理局表示，新跑道興建與否將取決於可行性研究的結果，既會考慮持份者的意見，亦會考慮香港作為主要航空樞紐的長期競爭力和作用。

跑道容量始終是任何機場關注的首要問題，即便國際客運量最大的主要機場，如倫敦希思羅機場等，每天在不同時間裏，都經常飽受擠塞困擾。目前，希思羅機

場的運力已接近飽和，平均每 45 秒就有一架飛機起飛或降落。[3]

1999 年，香港國際機場在高峯時段每小時接待的航班容量為 40 班次，容量限制實際上受許多問題和原因影響，從地形限制，航空區域管理到擠塞程度不等。[4] 香港以效率見稱，香港國際機場亦是效率奇高，航班、旅客、貨運、維修處理及地面服務效率全球有名。許多硬件可以被人抄襲，但若是致勝的關鍵強項可以維持，優勢就可保證。

效率、方便程度及設施都是吸引力的來源。旅客通常不會知道，也不關心機場的投資、客運大樓設計師的名氣、用哪一種電腦或行李系統。他們關心的是他們可以享受到的方便、效率和設施。他們知道在哪個機場行李很快出來，轉機、登機和過關手續簡便快捷、出入境排隊人龍較短，指示牌足夠和清楚，候機大堂和等候的地方光鮮潔淨，廁所夠多和夠近，要走的路不多，容易截到的士，進城交通方便等等。

---

3   https://www.wired.co.uk/article/heathrow-third-runway-plans-expansion.

4   Airport Authority Hong Kong. *Practical Maximum Capacity of HKIA'S Two-Runway System*. 2015.

有人建議「Hong Kong Inc.」應積極保持頂級航空樞紐地位。香港作為偉大城市和重要商貿中心，地位令人稱羨。要充分發揮香港的樞紐地位，就必須大家共同協力，與時並進。

不是條條航線都能完美銜接，但是良好的設施可以吸引更多旅客前往一個樞紐。在一些機場，過境旅客可以享受全方位的餐飲、購物和娛樂設施：阿姆斯特丹、倫敦、巴黎、新加坡、曼谷和香港都有類似的設施。設施琳琅滿目，從空側區域內（airside）的游泳池到酒吧、休息室、電影院、個人觀影室、健身室、淋浴間、水療和桑拿室、電子遊戲廳、高爾夫球練習場、幸運大抽獎，現場表演，以至是半日和一日遊。

樟宜機場設有六個露天花園區和出色的餐廳，巴黎機場同樣也有這些設施，符合人們對法國人的期望。

要加強樞紐的設施，還須考慮一個重領域。正如前文所述，妥善的地面交通能充分發揮「集水區」的潛力。法蘭克福的主航站樓下有一個鐵路總站；倫敦的蓋特威克機場航站樓旁邊設有一個火車站和一條高速公路，而蓋特威克機場和希思羅機場都有通往倫敦市中心的鐵路幹線；香港國際機場、阿姆斯特丹史基浦機

場、東京成田機場和上海浦東機場都有通往市區的鐵路、公共交通和的士服務，也有到附近地方的交通工具。因此機場設施必須方便，既要價格公道，服務頻率也要合理。

地面運輸的關鍵在於吸引鄰近「集水區」的乘客和貨物，從而在機場周圍形成一個更大的城市圈，所以二級城市實際上是依附於設有頂級機場的主要城市，並以鐵路和／或高速公路（如美國、歐洲和英國）加以連接。一、二級城市互相連接的例子包括德國法蘭克福和科隆、倫敦和英格蘭南部及中部、日本東京和橫濱及附近府縣，以及東京以外的地區。於是大城市成為客貨流動的中心，進一步提高這些偉大城市的地位。

連接城市之間的地面交通，以及主要城市的航空交通基礎設施都獲得了大幅改善，於是，像天津、石家莊等城市，如果想在北京的影響力下成為主導航空樞紐，或者寧波、蘇州和無錫，如果想從上海作為領導樞紐的吸引力中分一杯羹，困難實在不小。

因此香港正在向人口早在 2010 年超越 4,000 萬的珠江三角洲地區擴展。香港機場管理局想必也知道區域機場之間的潛在競爭不僅來自鄰近的廣州、澳門和

珠海機場，還有緊貼香港北部邊界的深圳機場。

　　鄰近的機場能否合作，形成一個大樞紐？如果要這樣做，那就要一套非常創新的方法。最理想的情況是設立一個超級樞紐，方便各種各樣的連接。如果乘客能在同一個航站樓到埗，比如說從 21 號閘下飛機，然後到 25 號閘轉機，便會非常方便。如要乘客到同一機場內相距甚遠的航站樓轉機，那就會影響他們的接受程度。如果要到另一個機場轉機，例如先抵達紐約約翰‧甘迺迪機場，然後到拉瓜迪亞機場轉機，過程可以相當麻煩。可惜乘客有時要從巴黎的戴高樂機場到奧利機場，或從上海的浦東機場到虹橋機場，甚至從東京的成田機場到羽田機場轉機。這種多機場連接往往不理想，或會讓乘客感到困擾。如果轉機須作煩擾的跨境，乘客更是難以接受。他們可能更想到其他競爭樞紐轉機。所以我們必須解決區內多於一個機場競爭和合作的問題。

　　香港多年來積累了大量航空權，國際航班數量較多，因此有巨大優勢，而鄰近的機場的航空公司或者主要服務中國內地，或者積累的國際航空權較少。香港機場與深圳及珠三角其他地區均已設有高鐵和普通鐵路服務，加上港珠澳大橋已經開通，於是整個地區其實都是香港國際機場的「集水區」。

不得不提的是，僅僅擁有一個優良機場，其實並不足以發展樞紐。例如阿聯酋沙迦、沙特阿拉伯吉達和馬來西亞新山，這些城市未來的發展在很大程度上取決於本地航空公司的表現。緬甸曼德勒也有一個光鮮亮麗的新機場和航站樓（儘管面積很小），但這並不代表曼德勒會突然成為一個偉大城市。事實上，曼德勒這座簇新亮麗的航站樓使用率仍然低迷。

　　吉隆坡有一個頂級機場，但對於馬來西亞南部（或砂拉越）的居民來説，前往新加坡樟宜機場可能更快捷。從樟宜機場出發的國際航班也比較多，新加坡航空的航線網絡強大，使樟宜機場能成功把東南亞國家附近的航空交通吸引到新加坡的樞紐，當中一些甚至是來自吉隆坡及其他東盟國家的城市。

　　光有世界級的舞台肯定不夠，還需有世界級的表演者才能吸引觀眾。

鞏固航空業和航線網絡

機場收費必須具競爭力。高昂成本會打擊航空公司，特別是本地航空公司，因為它們比其他航空公司更頻密地使用本地機場。用家當然關心機場着陸費、飛機停泊費和空中航線的導航費等開支，同時也關注不理想的間接航道會浪費時間和金錢，不必要的空中飛行時間會消耗能源和危害環境。如要更有效分配社會利益，便要整個行業有明智的策略。

那麼該如何權衡整體公共利益和機場作為商業實體的牟利性質，便自然成為一個探討議題。我們在前文討論到交通樞紐對經濟和社會貢獻良多。為了降低航空成本，大多數機場都會出租商業空間，讓商店、酒吧和餐館招攬生意。

有人認為機場就像購物商場的停車場，如果要吸引更多人來逛商場，那麼收取停車費用也是合理做法，而且商場應設法鼓勵停車人士進入商場。但如果我們把停車場視作一個單獨的盈利中心，那麼停車場的管理方就會傾向提高收費，以賺取更多收入。如此一來，雖然停車場可獲得盈利，但商場利益可能受損。同時持有商場和停車場的業主都會關心兩項資產合計的整體利益，

就算分開計算會更容易比較和衡量，但他們都不會只着重停車場收入。

　　許多地方政府會抱持上述觀點。為了吸引更多航空公司和更多航班，機場的收費應極具競爭力，換句話說，機場不僅僅是一個盈利中心，還是可視之為一種公共利益設施。本地航空公司的確能從中獲得好處，正如前文所述，它們都有助建立樞紐。儘管所有使用機場的航空公司的收費率劃一，但本地航空公司所有航班都是往返本地機場，於是廉宜的機場收費能幫助本地公司。

　　儘管航空已成為一種大眾交通模式，但很多時仍被視為一種高級產品，於是航空公司容易成為政府收稅和收費的目標。航空公司被迫支付國家安全和乘客簽證違規罰款等多種費用。當中不合理之處見於多個方面。多年前，法國政府建議向歐洲出售的機票徵稅，為非洲募集發展基金。事實上，任何正常的行業要是受到收費困擾，那就永遠不能蓬勃發展。稅收會增加成本，對乘客和航空公司都沒有好處，而且會遏制旅遊市場的發展。各國政府須牢記旅客數量上升所能帶來的乘數效應，不應忽視隨之而來的總體經濟利益。政府也不應忽略對行業過多設限會帶來的負面影響。

時至今日，高昂的環境稅成為一項航空公司的新威脅。環境稅雖美其名曰為大眾謀福利，但航空業明顯遭到針對。航空公司均希望不斷減少排放的污染物種類和份量，因為低排放量代表消耗更少燃料，加上航空公司多年來一直敦促飛機製造商和引擎廠商改善機身和引擎效能。無論是航空公司，還是通過國際航空運輸協會（IATA）和亞太航空公司協會（AAPA）等業界組織，大家都儘量拉直飛行航線，減少消耗以節省時間和成本。

有些政府會推行各種有利於營商的政策，例如創造有利的大環境，以及維持合理的經營成本，不但能提升航空行業整體競爭力，還顧及了自由市場原則。

政府在維持本地樞紐還可以扮演的另一重要角色，那就是與其他國家或地區在航空服務方面進行明智的談判。雙邊航權協議通常建基於互惠原則，兩個國家或地區會將交通權當作交易籌碼。有些政府和航空公司為了謀求更多利益，有時會在談判前以「擴音器外交」來轟炸大眾。

例如，有些國家建議香港應該讓所有外國航空公司無限制地進出香港，以擴大來往香港和其他地區的服務。他們遊説許多有關人士，聲稱此舉可增加航班供

應，讓顧客有更多選擇。然而，這種論點反映他們對空中服務協議的運作缺乏認識。前文已經論及，航權是兩國／地政府經同意後作出的一種交換，航權不能隨便交予別人而不從中取得好處。開明的政府如要擴充市場，就必須確保交易條件平等，否則就是把自己未來的商業利益讓渡與別國的航空公司，嚴重損害本地航空業界利益。

香港秉持公平競爭的原則，而且香港基本同意完全（即無限制）開放與其他國家或地區在第三和第四航空自由權方面的交易。權利的覆蓋範圍包括來往香港和各國、各地一個或多個點的航班。

我們須緊記外地航空公司都會積極吸引交通流向所屬國家／地區的樞紐。

當中涉及了所謂的超越權（Beyond Rights），或稱第五航權，讓航空公司提供目的地以外的航線服務。

第五航權的談判可以相當複雜。當中重要的是，一方政府在給予另一方權利時，必須能取回同等價值的權利，並須考慮此舉對社會產生的經濟效益。一旦談判時機不合適，一方政府或會同意作出更大讓步，那麼外地

航空公司獲得的商機便會比本地航空公司多，形成不公平的情況，最終本地航空業便會步向慢性衰亡，本地樞紐便會逐漸萎縮。

舉例來說，如果航空公司 X 航班得到了不受限制飛往和飛越香港的權利，同時香港和對方沒有公平交換，讓香港的本地航空公司能飛往或飛越航空公司 X 的基地，那麼香港的本地航空公司有可能失去市場份額，需要削減航班。因此政府必須留意本地航空的發展，明白航空業和所在樞紐的發展息息相關，兩者可謂脣齒相依。

即使有政府的支持，也遠不足以讓樞紐取得成功。航空業經營非常艱難。維珍航空的理查德・布蘭森（Richard Branson）據說曾經講過：「成為百萬富翁最快的方法，就是先當上億萬富翁，然後去經營航空公司！」行業組織國際航空運輸協會發現，在 2007 年之前的六年裏，航空公司的損失超過 400 億美元。根據國際航空運輸協會秘書長比西納尼（Giovanni Bisignani）在 2007 年 4 月 16 日所作的預測，航空業或可以在 2007 年恢復盈利，但是 2008 年油價高企，行業再次陷入虧損。比西納尼警告稱，2008 年航空業會虧損 50 億美元，加上全球金融陷入危機，燃油需求下降，導致

2008 年底油價跌幅超出需求的跌幅。當時國際航空運輸協會預測，230 個協會成員在 2009 年會再虧損 47 億美元。事實上，世界上最富有的投資者巴菲特 (Warren Buffett) 的說法可能更貼切。他從未投資過航空公司，據說他曾說過這樣的話：「如果純粹是為了投資者的利益，1904 年萊特兄弟的飛機最好墜毀。」

在 2008 年 8 月，世界上有超過 500 家航空公司。那時候只以香港為基地的定期航空公司就有五家：國泰航空、港龍航空、香港華民航空 (僅限貨運)、香港快運和香港航空。亞太航空有限公司經營來往香港和澳門的直升機服務。早十多年還有已破產倒閉的甘泉航空。澳門有兩家航空公司經營定翼機服務：澳門航空和非凡航空。這種情況並非獨一無二，亞洲、歐洲和美國不同的地方都有許多航空公司。

世界上有些航空公司，無論有否獲得政府支持，本來都不應該存在，因為它們都沒有妥善經營的基礎因素，也沒有投入足夠資源來保證質素和需求。各行各業較弱的參與者都應因為失敗而退出。為了讓行業正常運作，公平競爭理應成為常規，而且政府的監管部門均須確保管轄範圍內的航空公司安全營運。市場應遵循「適者生存」的法則。

這絕對不是反對自由化的理由。舉例來說，香港實施的制度已經非常合理。假如香港對航空業實施極端嚴密的監管，那麼香港也不可能躋身世界頂級國際航空中心之列。2010 年，香港約有 90 間外地航空公司提供來往香港的定期航班，直航目的地約 150 個，而且許多非定期和包機航空公司也會飛往香港，事實突顯過去數十年來政府奉行理性雙邊政策所帶來的好處。

香港可以説是一個特別的樞紐。過去數十年來，由於技術的進步，加上以前中國和俄羅斯會開放部分東亞和歐洲的航線，因此香港便成為澳洲東部／新西蘭和歐洲之間的首選中轉站。隨着中國開放門戶，建立更多對外聯繫，香港或須重塑自己的定位。

香港新角色的一個關鍵因素，是新機場於 1998 年啟用。假如沒有新機場這個優良的基建設施和新的增長空間，航空的鴻圖大計便會受限制，而香港這個樞紐的發展也將被窒礙。國泰航空很大程度上依靠新機場，才能改變經營策略，進而成為樞紐的航空公司。1997 年底，舊啟德機場內的國泰航空機隊只有 59 架飛機，而到了 2008 年，飛機數量達到 164 架，當中包括子公司港龍航空和附屬公司華民航空的機隊。[5] 國泰航空的

5　Cathay Pacific. *Annual Report 2018.*

樞紐策略取得成功，公司在過去十多年來多次刷新利潤紀錄，反映當時國泰董事局和管理層的遠見和信心。要應對十多年來世界的迅速變化、挑戰和多個危機，同時要確保盈利增長，確實絕非易事，但是國泰航空公司的努力不僅為公司和股東帶來了利潤，同時確立了香港的樞紐地位。

香港未來能成為中國幾個主要航空中心之一的關鍵是內地客貨的需求。許多航空公司都對這個龐大市場虎視眈眈。

廉航的發展

廉航（低成本航空公司）的興起也是值得討論的議題。廉航或會刺激城市交通量的增長，而樞紐城市應該會非常歡迎，但是廉航公司並不一定會開發新路線和目的地。許多廉航只會經營利潤及需求最高的航線，而且「接駁客流」（connecting traffic）也不一定是廉航的首選市場。許多廉航不會以主要樞紐機場作基地，但會在鄰近的機場營運，因為降落費和其他費用較低，而且更易找到理想的起降時間。廉航的商業模式不一定要吸引國際消費者改變行程，轉到主要樞紐。誠然，不同市場和消費者行為不一定一樣。

廉航的基本要求是要把成本壓到最低。如果成本不夠低，但又要靠低價吸引乘客，等同自殘。成本低廉才可薄利多銷，生意才會有利可圖。

故此，廉航必須尋求較便宜的機場作基地。便宜的着陸費、地勤服務費、維修費、配餐費、稅款、工資、燃油費、停泊費，都是考慮要素。當然也有廉航以航線可推廣目的地為藉口，要求目的地政府給予補貼。但更重要的是飛機使用率。飛機本身是一個極高昂的投資，無論財政安排、每天的「資產擁有成本」極高。若不能

物盡其用，很難從其他地方賺回閒置資產產生的浪費。而且廉航的航程通常比較短，飛機來回一轉只消三、四個小時，不像每天使用率極高的長途飛機，香港到紐約的單程已經需要十多個小時，來回則二十多個小時。如果廉航不能每天「走幾轉」，飛機停在地上的時間會比在空中多，對成本造成不良影響。

要增加飛機使用率，機場禁飛時間（為了減低對民居的滋擾，有些機場深夜禁飛）、航線安排、航權（能飛甚麼地方）和機種都有影響，但時隙（slots）才是最大的因素。機場每小時都會編排航班起降，繁忙機場可用時間很少，航班可能編不上來。若是沒有適合時刻，飛機可能要乾等。起降時刻分四部分：起飛離港、飛到外站、飛離外站、返站降落，缺一不可。繁忙機場很難做到讓所有航班隨意進出。

就算是開的士，也要「車盡其用」，更何況是一架貴幾百倍的飛機呢？所以許多廉航都選在距離機場不遠的機場作基地。例如美國西南航空，以德州愛田（Love Field）機場作基地，離達拉斯很近。他們飛加州北部也不選擇三藩市，而是選擇附近的聖荷西（San Jose）機場。英國倫敦亦然，希思羅機場的廉航不多，但附近的蓋特威克機場及斯坦斯特德機場（Stansted Airport）、盧

頓機場（Luton Airport）及倫敦城市機場（London City Airport）都有大量的廉航服務。

必須承認，在亞洲，因為機場有限及地理因素，許多廉航未必可以在一個附近的機場起降，這種情況對廉航的成本效益的影響也是立竿見影的。

廉航的商業模式，主要不是吸引國際旅客改變原有路線以繞過樞紐。因此，如果說一家完全獨立的廉航會為加強樞紐帶來奇蹟，可能是誇大其詞了。

開發其他旅遊景點和產業以加強樞紐吸引力

這個建議適用於任何樞紐。一旦樞紐成型，貿易、旅遊和相關產業便應運而生。商業和工業都會扎根於交通方便的地方。從銀行到專業服務等各行各業都會隨之而來。

航空業不僅僅是指飛進飛出一個地方，當中還有各種相關業務，例如飛機租賃、融資、保險、仲裁等，這些業務都會增加航空業的價值。倫敦之所以成為航運中心，不單是因為有很多船隻靠岸。這其實是一個很大的商機，而香港亦有條件在這方面發展。

再者，要是航班既多且密，就有機會成為貨物轉運中心，在此基礎上可以再發展花卉中心（如阿姆斯特丹）、生鮮食用動物及魚類等轉運中心，擁有無限可能。

但對大多數人來說，旅遊業可能是航空業最明顯的附加產業。為簡單起見，我們將以香港的旅遊業為例（見圖 7-1）。

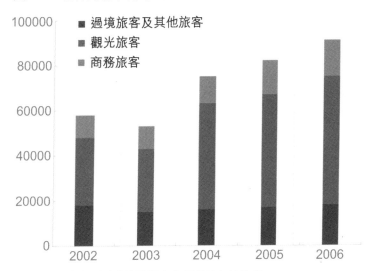

圖 7-1　旅客消費（按旅客類別）

註：觀光旅客指到香港旅遊觀光和探親訪友的旅客
資料來源：政府統計處、旅遊發展局。

　　香港旅遊發展局的統計數據顯示，訪港旅客大多是
來度假旅行和／或探親訪友，因此旅遊活動和景點對吸
引旅客起到很大作用。有些目的地舉行活動期間，遊客
都會集中此地，但是只是活動和景點本身並不足以讓航
機使用率高企。

　　約旦的佩特拉、埃及的吉薩金字塔、柬埔寨的吳哥
窟、秘魯的馬丘比丘、印度的阿格拉（泰姬陵）都是世
界著名的景點，也是許多人一生中「必到景點」，但是
這些景點加起來的訪客人數卻遠不及一些景點稀少的

樞紐城市，例如法蘭克福。

2005 年，整個印度接待 500 萬名國際遊客，而阿格拉則接待了 593,637 名國際遊客和 364,997 名本地遊客。相比之下，2005 年的法蘭克福書展四天內就接待了 284,838 名遊客，而書展只是多個活動中之一個。法蘭克福機場在 2005 年的旅客吞吐量超過了 5,200 萬。箇中原因是樞紐機場擁有強大的本地航空公司網絡，可以接載更多乘客。

還有很多鼓勵旅遊業的方法。適當和有效的營銷是其中一環。香港在這個領域付出了不少努力。由於香港境內人口較少，能吸引過境旅客到樞紐城市逗留一會，也能為經濟帶來巨大貢獻。另一方面，傳統或民族風格的節慶、活動、表演、博覽會、會議和展覽，新的景點等也能吸引訪客到樞紐城市。正如前文所述，法蘭克福的汽車展、書展和國際消費和禮品展都能吸引旅客。

簽證要求、出入境政策和海關法規也是重要考慮因素。簡化入境手續可鼓勵更多人旅遊。自 2004 年 4 月起，香港人可免簽證前往日本，於是到日本的香港旅客人數從 2005 年的 290,000，躍升至 2006 年的

352,265。容許中國內地居民來香港「自由行」的措施也起到類似作用。中國內地的自由行遊客對香港的旅遊數字產生顯著而積極的影響。不少國家確實認識到，入境的不方便足以讓旅客望而卻步。

此外，可能旅客都有一些不快經驗，從入境到該國經歷不等。要人人都對旅客保持禮貌和微笑，實在難以實行，但如果一般待客有禮，定能改善遊客的印象。

尋找新客源和吸引旅客重遊，其實是官方旅遊機構和航空公司營銷部門的職責所在。他們的利益確實是緊密相連。

當樞紐和航空公司變得越來越重要，由航空公司組成的各大國際聯盟都希望把這家航空公司納入陣營。這不是一件壞事，因為加盟航空公司的實力，讓乘客無縫進出各自的網絡，互補所長，讓樞紐變得更強大。

時至今日，歐洲已經有好幾個強大的國際航空樞紐（倫敦、法蘭克福、巴黎、阿姆斯特丹，某種程度上還包括馬德里），而美國也有一些樞紐（紐約、邁阿密、洛杉磯和三藩市）。中東地區的迪拜實力雄厚，但挑戰者也越來越多。亞洲則有更多樞紐，例如東京、首爾、

香港、新加坡和曼谷等地。未來，北京、上海和廣州幾乎肯定也會成為重要樞紐，並且與其他樞紐一較高下。樞紐之間的競爭只會越來越激烈，相信未來更會轉趨白熱化。

第八章

航空中心和偉大城市的
持續性

新興城市正加緊建設新機場，同時亞洲其他城市也在擴建舊機場或增建機場。2008 年，中國民用航空局（CAAC）的資料顯示，到了 2020 年，將有 97 個新機場在這 12 年間陸續投入服務。2008 年 3 月，中國內地已有 147 個獲認證的機場，當時預計數字會在 2010 年將增加到 197 個，到了 2020 年更會增至 244 個。[1]2009 年 10 月初，時任中國民航局李家祥局長接受中央電視台採訪，他說當時中國只有 164 個機場，遠少於中國大規模城市的數目。他指出，修築 3 公里的公路意義不大，而只需修建 3 公里的跑道，就能把一個城市與世界連接起來。

當時李局長還透露，在未來幾年，中國民航機隊每年將淨增約 200 架飛機，2009 年的航空旅客人數將超過 2 億，較 2008 年的 1.86 億多。他補充說，按人均計算，數字非常低，因此預計仍會大幅增長。

2009 年 12 月，中國國際航空股份有限公司孔棟主席接受《航空商業》採訪，他表示：「中國機場的建設仍然不能滿足我國國民經濟發展的需要。在第十二個（政府）五年計劃中，我們還要在二級城市和小城市建機場。」

1　http://english.peopledaily.com.cn/9000116380001.html

放眼南亞，印度計劃擴建新德里、加爾各答和[2]金奈等城市的機場。印度還希望在孟買興建新的國際機場，在果阿建造一個新機場，並對機場進行現代化改造，班加羅爾和海德拉巴的新機場[3]已經落成。

印度機場數量難以統計，因為沒有一個機構能統籌管理所有機場的基建。聯邦政府、地方政府和私人資本都會參與其中，有的機場正逐步私有化，有的接受聯邦政府資助，有的由地方政府擁有，有的甚至牽涉三方利益。另外，自2008年底起，航空運輸量下降，相信會影響幾個擴建項目的進度。不管怎樣，這些計劃說明了印度明白航空對經濟越來越重要，但要締造出媲美新加坡、倫敦或法蘭克福的航空樞紐，可能還有很大距離。

亞洲和中東的主要樞紐，如曼谷、新加坡、迪拜、多哈、首爾、東京和香港，都有先進的機場和優質的機場服務。他們的航線遍及全世界，航空運輸量逐年遞增，還有強大的本地航空公司作後盾。迪拜、首爾和東京尤為特殊。迪拜希望利用其在區域貿易的角色，成為世界樞紐；首爾是北亞的一個主要樞紐，亞洲到北美的

2　http://www.thaindian.com/newsportallhealth/government-approves-expansion-of-kolkata-airport_10084051.html.
3　http://www.mondag.com/article.asp?articleid=60488.

航線多在仁川經停；至於東京，日本國內航空客運需求本身就十分龐大，加上日本是國內外遊客的旅遊熱點，多年來一直是各大美國航空公司的停靠點。新加坡和香港可以說是真正的國際樞紐，兩地都是境外旅客主要的中轉站。

世上沒有一個機場或一家航空公司的服務可以完全覆蓋全球。自2008年初以來，全球出現金融危機，大部分的航空公司都預計經濟陷入低潮，有些航空公司走上了合併之路，希望通過合併，保持自身品牌，駁通彼此的網絡，提高載客量，增加高收入客源，從而擴大雙方樞紐的覆蓋範圍，增加經濟效益。

這與美國幾間大型航空公司的合併案例有點不一樣。美國第三大航空公司達美航空和第五大航空公司西北航空組合：兩者有相同的國家文化背景，又同處美國市場，兩家航空公司已達成合併協議。再者，美國許多公司都有收購和合併經驗。近來的例子多是跨國、跨文化的合併和結盟。[4]

4　金融危機發生之前，航空公司早已經開始締結聯盟，或以某種形式合併：2004年，法航和荷蘭的荷航建立合作關係，兩家公司同屬於一個企業實體，但保留各自品牌。彼此在交通、技術事宜和營銷工作上進行合作。這種合併／緊密合作可以說是違反競爭的行為，因為這種合作消除了巴黎和阿姆斯特丹兩個主要樞紐之間的競爭。

至於德國漢莎航空收購奧地利航空，原因是為了獲得奧地利在東歐的網絡。奧地利維也納不是主要的樞紐，所以不可能是法蘭克福的競爭對手。瑞士國際航空公司在 2001 年由前子公司 Crossair 成立，由瑞士聯邦政府、地方政府和商業集團三方向前瑞士航空提供財政支援。瑞航在 2005 年開始便被漢莎航空收購，直至 2007 年完成全部收購，所以蘇黎世不會和法蘭克福爭奪樞紐地位。

2008 年底，英國米德蘭航空公司（BMI）也加入了合併的行列，當中涉及維珍航空和漢莎航空。併購的核心一直都是圍繞著倫敦希思羅機場的機位，因為英國米德蘭航空公司在希思羅機場的所佔的機位僅次英國航空公司。所有的合作形式似乎都會犧牲希思羅機場的利益，並且提高法蘭克福的地位，除非維珍航空能夠與英國米德蘭航空公司達成合作協議，但由於漢莎航空已經同意收購 80% 股份（多於之前持有的 20%），結果取決於股權結構。這宗交易之所以如此複雜，是因為北歐航空持有米德蘭航空 20% 股份。漢莎航空已經在 2008 年收購了布魯塞爾航空公司的控制權。

歐洲航空業的幾輪整合牽涉意大利航空公司。意航已經破產，意大利一羣投資者接管飛行業務，並開始尋找合作伙伴，法航 - 荷航、漢莎航空和英國航空都是潛在合作對象。到 2009 年初，法航 - 荷航成為首選合作伙伴。歐洲的樞紐戰雖然已成事實，但是市場份額只會在倫敦、阿姆斯特丹、巴黎和法蘭克福之間移動，預料未來四地仍然會是歐洲的主要樞紐。

英國航空公司已宣布和西班牙的伊比利亞航空公司合併，併購成為英航獲得南美航線的絕佳機會。早前英國航空公司也曾對澳洲的澳航進行過收購，但最終告吹。合併的用意從未向公眾交代。後來有傳言說，澳航也有意收購馬來西亞航空，不但可以讓澳航打進吉隆坡的樞紐，並且吸收馬航在亞洲和中東航線的流量。

在上述例子中，本地航空公司的目的都不在於收購其他航空公司的服務。類似的收購可能會擴大買方的資產負債表，但實際上對航空公司所屬的城市（或國家）沒有太大好處。進行收購的航空公司可加強代碼共享協議，從收購之中得益，並達致收購的規模經濟。互通流量的成效很大程度取決於網絡的連接方式，但總體而言，併購的回報似乎不大。

新加坡航空公司持有維珍航空 49% 的股份，股份交易早於 2000 年達成，但在 2008 年傳出新航將出售股份，消息流傳至世界金融危機爆發為止。新航曾試圖收購新西蘭航空，但付出的努力收效甚微。新航在 1993 年競購澳航失敗，據傳聞說新航曾對台灣的中華航空、澳門航空，以至是印度塔塔集團的合資企業有興趣。2007 年，新航的確有意收購總部設於上海的中國東方航空公司，但由於網絡重疊，運輸流量產生的利益未必似預期般大，所以併購可能以航權交易取代。

除了合併的困難和地緣政治因素，合併／收購完成後，磨合方面仍會出現很多實際問題。即使兩間公司均來自同一國家，但企業文化或存有差異，而且未能必發揮協同效應和加強效率，基於種種原因，合併後新組成的公司常以失敗告終。

香港：國際航空中心

香港地理位置得天獨厚。如果以香港為圓心，再以五小時飛行時長作半徑來畫一個圓圈，便會發現圓圈覆蓋中國內地、俄羅斯的一部分、日本、印尼和印度的大部分地區，還包括澳洲北部（見圖 8-1）。亞洲所有的主要城市和世界上一半的人口都處於輻射範圍內。

這個觀察我們最先在 1997 年提出，時至今日當然仍是事實。

圖 8-1　香港五小時飛行圈

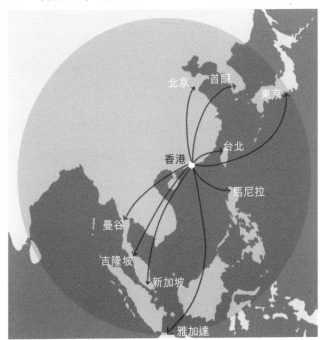

外匯儲備最多的十個國家或地區之中，八個都在圓圈範圍以內。

這個五小時飛行圈，不僅涵蓋經濟增長潛力最大的地區，還有世界上兩個最大的發展中國家。

儘管金融危機和各種不穩定因素會影響航空業的發展，但可以肯定的是，航空旅行會繼續增長。飛機是國際旅行的首選，也漸漸成為區域旅行的出行途徑，情況尤以亞洲最為顯著。從福岡到首爾，或從台北到廈門短期內都不可能實現通車。

印尼和中國等國，如要修築公路，把國境兩端連接起來，也不是件容易的事。美國、中國和印尼的情況相似。美國幅員遼闊，仍嚴重依賴各州之間的航空旅行。泰國國土雖不及中國大，但國內公路運輸費時，從泰國的南部開車到北部的清邁，可能需要 20 個小時。只要增加國內航班，便能把各大城市串聯起來，做法更安全、更直接。

商業發展和休閒需求能促進航空業發展，而現代供應鏈對空運的需求也越來越大。2007 年，國際遊客數量超過 18 億人次。國際機場理事會預測，數字將

會在 20 年內翻一番。[5]20 年翻一番代表每年平均只增長 3.5%，若不是出現新冠疫情，這個預測實在是太過保守。

波音公司表示，全球 68 億航空旅客當中，前往亞太地區或在區內旅行的旅客比例最大；中國國內航空旅遊市場長期增長，每年增長率高達 8.1%。中國的人口是美國和加拿大的數倍，但在 2007 年，中國國內航空旅遊市場還不及北美的五分之一。[6]毫無疑問，中國市場潛力巨大。

2009 年春節期間，一週的春節假期內就有約 2,400 萬人乘坐飛機，約 1.88 億人選擇以鐵路出行。[7]隨着人均財富的增加，如果每年有 10% 的鐵路旅客改為坐飛機，那麼中國航空旅遊市場便會倍增。

全球各大航空公司也在亞洲的幾大樞紐爭奪空運市場。圖 8-2 列出了 2007 年世界最大的貨運機場，在前

5　http://www.traveldailynews.com/pages/show_page/25013.

6　波音全球市場名錄 2007 http://www.boeing.com/commercial/cmo/ regions. html.

7　http://news.xinhuanet.com/english/2009-01/09/content_10626659.htm

10 名中，有兩個在美國，六個在亞洲，而 2004 年，有五個在美國，亞洲只有三個。

圖 8-2　中國內地遊客旅行總支出

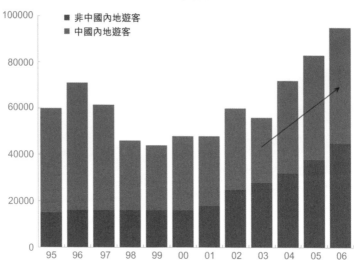

來源：政府統計處、香港旅遊發展局及相關部門預測。

　　鑒於中國貨運市場呈爆炸式增長，加上亞洲區內貨運日益增長，世界各地的運營商都期盼在亞太區建立航空樞紐。不少航空公司瞄準上海，但有些卻認為首爾亦是一個可行的選擇。

　　有些航空公司專注於香港和廣州，而有些仍把希望寄託在東京。

香港將成為亞洲增長的重大受益者。中國內地現在是香港最大的客運來源，而內地旅客的消費增幅亦相當可觀，但香港仍須繼續開拓中國以外的客源，因為任何地方都不應只依賴一個市場。

香港還有一個潛在的龐大機遇，就是如何和大灣區內的航空公司和機場產生更大的協同效應。這個區域內有五個大型機場，分別是廣州、香港、澳門、深圳和珠海，以及數家航空公司，它們也有些共同的地緣利益，航空管制也是緊密相連。如果合作互補得好，其實對有關持份者都有好處，而合作的方案也不只一個。

香港是真正的「亞洲中心」。光輝歷史已無需贅述，但更重要的如何再接再厲，更上一層樓。

香港將從亞洲，特別是本國航空旅行的增長中獲得巨大收益。香港成熟而務實的航空政策及積極的作為，使它成為世界上其中一個最成功的航空中心，為促進香港成為世界級的偉大城市出一分力。相信中國中央政府第十四個五年計劃將為香港航空業帶來新的機遇和動力，香港的國際航空樞紐地位將進一步鞏固。

香港《基本法》的第一百二十八條規定：「香港特別行政區政府應提供條件和採取措施，以保持香港的國際和區域航空中心的地位。」為了讓香港進一步發展成為航空中心，序言中提及的十四五計劃和 2035 年願景，以及大灣區綱領，都把重點放在強化「航空樞紐」上。我們不應被愁雲慘霧的預言影響，因為那些所謂的預言家的動機可能不純。相反，香港應發揮航空中心的巨大優勢，保持開放態度，監管航空服務時應在公平和互惠之間取得平衡。

世界旅遊業理事會（WTTC）指出，香港的旅遊業和相關行業的就業機會必須依託航空業的發展，香港的航空公司應加強連接，尤其應加強與中國內地的聯繫，[8] 同時應考慮如何好好把握中國內地的潛力和機會。

一個城市的興盛涉及很多重要因素，但交通中心是必需的。長安是絲綢之路的起點，曾經是全中國的商業和物流中心；發達的造船業一度讓威尼斯成為重要運輸路線上的一大港口；古代的羅馬城既是龐大帝國的中心，也是交通樞紐。

---

8   http://www/wttc.org/eng/Tourism_News/Press_Releases/Press_Releases_2003/Policy_Recommendations_for_Hong_Kong/.

貿易和運輸的模式會隨着科技而改變。很久以前，印刷術是變革的催化劑，航空和印刷術一樣，一直推動着世界的變革，未來也會繼續發揮重要作用。變革需要開放思想和和隨機應變，也需要教育和接觸多元思維，換句話說，就是文化匯聚，思想提升。這些都是偉大城市需要的要素。香港需要吸納更多人才，繼續提高國際地位。要鞏固香港的樞紐地位，我們還需要其他政策，如人才政策、基礎設施、商業便捷、科技發展、生產能力和效率的提升，財務稅收等，讓香港真正成為一個偉大的城市。

博採眾長可避免固步自封，香港仍可以容納更多高水平的國際和內地人才，入境政策或可鼓勵適合的人力資源來港生活和參與商業活動，同時也要積極培育和保留本地的傑出人才和人力資源。

我們在前文提及美國社會學家科特金（Joel Kotkin），他認為 1664 年的荷蘭人缺乏遠見，放棄了新阿姆斯特丹（即後來的紐約）。科特金警告：「地理環境和人文歷史的意外，可能決定城市的興起、繁榮和衰落。」有趣的是，科特金還預測，單一的文化會走向滅亡。他寫道，迦太基是腓尼基文明的結晶，但也只是一個商業中心，「除了追求商業利潤外，缺乏使命感和對

外擴張的遠見」,「只顧眼前利益」,[9] 最後走向衰落。

城市的偉大源於自信 (而非自我陶醉),源於生命力、活力和與時俱進的決心。紐約、倫敦、羅馬、洛杉磯、三藩市、東京和新加坡都是這樣的城市;當然,香港也包括在內。

本書不單單講航空,還涉及背後複雜的關係。當然,航空公司是經濟大戶,又是樞紐的建造者。對航空公司有利的,也會對其基地城市有利,對航空公司不利的也會對其樞紐不利。[10]

無論甚麼形態、無論其成功程度如何,樞紐都將繼續存在。與早期的海港或陸路不同,航空樞紐是複雜的、高科技的產物,結合相關產業和商業利益。機場不可以隨便在任何地方興建,假如欠缺政治願景和大規模的經濟投入,便不可能有機場。使用綠地 (greenfield sites) 興建新機場的例子越來越少,現在大部分主要機

---

9   http://www.newamerica.net/publication/books/the_city_a_
     global_history.

10   對航空公司不利,也可以說對航空樞紐不利的是 (a) 燃料價格的
     劇烈波動和 (b) 航空公司要繳納的環境稅。燃油價格不穩定,任
     何商業計劃都無法在投入不足的情況下應對如此不確定的因素。
     環境稅的問題見第七章。

場都是發展或擴大自原有設施。機場或會興建新跑道，或會延長舊跑道，蓋一座新機場現在已不常見。樞紐和航權也反映國家付出的龐大人力和物力。雖然樞紐的航運市場份額會隨着航空公司的表現而起伏，但總體趨勢是交通量增加，樞紐都會變得越來越繁忙。

我們認為，偉大城市能否繼續在新時代的全球舞台發光發熱，取決於航空聯繫的威力。換句話說，偉大城市和世界級的航空運輸樞紐的地位息息相關。樞紐的表現又取決於航空業的實力，以至是樞紐力爭上游的決心。來到結尾，我們認為管理主要樞紐的政府需要有遠見和決心，及對每一個持份者的督促和推進。「位置，位置，位置」已遠遠不夠，現在應該是樞紐的「連接，連接，連接」。

航空業的未來是樞紐之間的競爭，遠遠超出了個別航空公司或個別機場的能力，這對城市和國家而言是相當重要。要獲取遠超航空業能力所能企及的市場和商業目標，國家等所有持份者都必須多多參與，這是一座世界級城市，一個世界級國家的大事。